自称詞〈僕〉の歴史

友田健太郎
Tomoda Kentaro

河出新書
064

はじめに

　これは〈僕〉に関する本である。
〈僕〉とは私、つまり著者のことではない。〈僕〉という言葉そのもののことである。（主に）男性の使う自称詞（「一人称代名詞」）〈僕〉[*1]のことだ。日常的に聞き、また文字として目にする機会もある言葉だが、それを主なテーマにする本というのは珍しい、というよりも、これまで一冊もなかったはずだ。〈僕〉は、誰もとりたてて興味を持たない、水や空気のような言葉である（そうはいっても、水や空気に関する本なら山ほどあるのだが）。それでは、どうしてそんな〈僕〉に著者は興味を持ったのだろうか。簡単に振り返ってみよう。

　小学校二年の頃だったか、こんなことがあった。教室でクラスメートの男子の誰かが「おれ」と言ったのを、年輩の女性教師が聞きとがめ、「この学校には〈おれ〉なんていません。〈僕〉と言わんとあかん」と言ったのだ。

　福井市郊外の公立校のことである。今でこそ住宅地になったが、その当時、学校の周囲は田んぼだった。その学校では男子は〈おれ〉を使うのが普通だった。著者は〈僕〉が自分にとっていちばん自然に感じていたが、教室ではクラスメートに合わせて〈おれ〉を使っていた。だから、この教師の一言には何とも居心地の悪さを感じたものである。

確かに私も、休み時間ならともかく、授業中に〈おれ〉と言うのは乱暴で、よくない気がしていた。それにしても、〈僕〉と言えとか、なんで先生に言われないといけないのだろうか。自分を何と呼ぼうと本人の自由ではないのか。小学生なりに感じたことを無理やり言語化すれば、まずそんなところだろう。

事件ともいえないような小さな出来事である。言った教師も含めて全員がすぐに忘れてしまったに違いない。しかしどういうわけか、著者はその後もこの出来事をよく思い出した。今思えば、社会に存在する言葉遣いのルール、それも文法や敬語といったルールよりももっと微妙な、一見ただの好みのような姿を取って現れる、ふわふわした規範に気づかされた出来事だったからだろう。教師が〈僕〉も〈おれ〉も自分では使わないはずの女性だったことも印象を強めた。

それよりも少し後だったか。著者の父は家では普段〈おれ〉と言っていた。しかしあるとき電話で、〈わたし〉と言ったので驚いたことがあった。「〈わたし〉って言うのは女じゃないの？　どうして〈わたし〉って言ったの？」。そう聞いてみると、「仕事では〈わたし〉と言わないとダメなんだ」と言われた。父の言うことがよくわからないながらも、そういうものなのかと飲み込んだが、これも印象的な出来事だった[*2]。

こうした小さな引っかかりを重ねながら、大人になる頃には標準的な使い分けを身につけた。大まかに言えば公的な場では〈私〉であり、私的な場ではその場の雰囲気に合わせ、〈おれ〉か〈僕〉を使う。若い頃の著者は、同格の男どうしの場では〈おれ〉、それ以外は〈僕〉だったように思う[*3]。それも場の雰囲気や気分でかなりの揺れがあった。

著者が身につけた使い分けは、関東を中心に日本の多くの地方で行われているものであろう。一見、何の不思議もない、ニッポンの日常の言語風景である。

しかし、よく考えてみれば、やはり不思議である。英語ならI、中国語なら我（wǒ）、日本語と文法の近い韓国・朝鮮語でも나（ナ）（目上の人に対しては저（チョ）も使う）というように、一人称はほぼ一種類に限られている。それが、日本語では（主なものだけで）三つもある。

さらに不思議なのは、この選択肢は女性には与えられていないことだ[*4]。女性は（少なくとも東京を中心とした地域では）〈おれ〉や〈僕〉は使わないことになっており、もっぱら〈私〉を使っている。女性も〈おれ〉や〈僕〉を友達などの仲間うちで使うことはあるが、より開かれた場で女性がこれらの言葉を使おうとすると、何らかの抵抗に直面する。例えば冷たい目で見られたり、教師や上司に注意されたりする。

場による選択ということを考えても、〈僕〉という言葉には際だって不思議な性質がある。〈私〉という言葉は公共の場で使う謙譲語、〈おれ〉は私的な場向きのくだけた言葉、とその言葉を使う場面は比較的はっきりしている。ところが〈僕〉はそんなにはっきりしたものではない。

最初のエピソードに如実に現れているように、〈僕〉という言葉は、学校で教師に推奨されるような性格のものである。〈おれ〉にはない、大人しく、知的な印象があるからであろう。ところが、〈僕〉は公の場では使わないものともされている。インターネットで検索してみると、ある会社のウェブサイトには、「マナーとして、自分のことは『僕』ではなく『わたくし』もしくは『わたし』と呼ばなければなりません。なぜなら、ビジネス上では公の組織の一員として『会社の代表としての自分自身』だからです」と書いてある。[*5] これは特殊な感覚ではなく、〈僕〉が公の場にふさわしくないという指摘は、古くから、広く一般に見られるものである。

例えば、明治の文学者・二葉亭四迷の作品『平凡』に登場する男性は、甥《おい》が自分との会話で〈僕〉を使うのに対し、「君僕といふのは同輩或《あるい》は同輩以下に対《むこ》うて言ふ言葉で、尊長者に対うて言ふべき言葉でない」と不快感を表明する。[*6] この男性の不快感は、友人間で使う「仲間言葉」を自分に対して使うことがなれなれしく感じる、という意味であろう。

つまり、〈僕〉は知的で大人しい印象にもかかわらず、目上の人に対して使ったり、正式の場で使ったりするにはなじまない、いわば私的な言葉なのである。ところが、最初の教師のエピソードに見るように、学校教育の場では一般に好ましいものとされている。かなり変な、鵺《ぬえ》のような言葉だと言えよう。そしてそれが、男性だけに広く普及しているのである。この不思議な言葉はどこからきて、どうして広まったのだろうか。


一〇年ぐらい前。どういうきっかけだったか忘れたが、著者は幕末の志士・吉田松陰の手紙を読んだ。そして、繰り返し〈僕〉が登場するのに気づいた。江戸時代にこんなに〈僕〉を使っている人がいたとは、新鮮な驚きだった。

辞書でひいてみると、〈僕〉は明治時代以降に普及したものであり、それ以前はあまり使われていなかったこともわかった。——ということは、ひょっとすると、吉田松陰こそが〈僕〉という言葉の元祖なのではないか？　そう思い、気負って調べ始めた。

この魅力的な仮説は、すぐに、完全に間違いであるとわかった。松陰以前にも、また同時代にも〈僕〉の用例はいくらでもあり、松陰が元祖などでは全然ないのである。著者の「大発見」は空振りに終わった。

しかし、そう思いこむのは無理もなかった。実際、松陰の〈僕〉という言葉の愛用ぶり、活用ぶりは大変なものであった。松陰の現存する書簡のうち、実に四割を超える書簡に〈僕〉が登場するのである。その当時、〈拙者《せっしゃ》〉〈某《それがし》〉〈小生《しょうせい》〉〈吾輩《わがはい》〉〈我《われ》〉など多くの自称詞が存在し、〈私〉もよく使われていた。そうした中で、松陰ほど自称詞〈僕〉を愛し、フル活用した人もいなかった。松陰が〈僕〉の愛用者だったことは今では広く知られており、松陰の妹・文を主人公にした二〇一五年のＮＨＫの大河ドラマ「花燃ゆ」でも松陰は〈僕〉で話していた。筆者は松陰の書簡に使われた〈僕〉をテーマに、放送大学大学院の修士論文を書いた。[*7]

松陰はどうしてこんなに頻繁に〈僕〉を使っていたのか。「好きだったから」と言えば話は終わってしまう。しかし、ある人物がある言葉をよく使うということは、ただの「好み」の問題ではないのである。〈僕〉という言葉に〈拙者〉でも〈某〉でも〈小生〉でも〈私〉でも表現できないものや働き（いわば言葉の機能）があったから、比較的新しい〈僕〉という言葉を使ったのであろう。それは何だったのか。

幸いにして、松陰は、八四八本という膨大な数の書簡を残している。そこには、松陰が特定の相手に届けようとした言葉が封じ込められている。それを読めば、松陰が手紙の相手との関係をどのようなものとして想定していたのか、そして、その関係をどのような方向に動かそうとしていたのかがわかる。

だから、それらの書簡の中で〈僕〉がどのように使われていたのかを見れば、〈僕〉という言葉が持っていたニュアンスや社会的機能がどのようなものだったかがわかる。そして、萩領（長州藩）の尊皇攘夷《そんのうじようい》路線をリードした希代の革命理論家・松陰が、〈僕〉という言葉のポテンシャルをどのように引き出し、自らの活動に生かしていったかということも。

松陰は若くして刑死したが、弟子たちへの影響力を通じて、結果として明治という時代の先駆けとなった人物である。そのような人の言葉遣いには、やはり新時代につながる何かがあった。〈僕〉という言葉について言う限り、間違いなくそうだった。だから、松陰の事例を調べることで、明治以降にどうしてこれほどまでに普及していったのか、という理由も、おおよそ理解することができる。

松陰が生きた時代、〈僕〉は武士や教養を持った上層の庶民など、ごく一部の男性の言葉であった。人口比率にすれば、五％にもならないだろう。それが明治以降、社会の各層に広がっていく。〈僕〉はメディアや教育によって拡散していったが、その背景には、教育を通じて立身出世を目指す新しい社会の姿があった。

明治維新そのものには民主主義的な要素は乏しかったが、結果として古い身分制度は徐々に形骸化し、社会の平等化が進んだ。国会が開設され、極めて限定された形ながら、国民の政治参加が実現した。参政権の要件は徐々に緩和され、一九二五（大正一四）年には満二五歳以上の男性に選挙権を与える男子普通選挙法が成立した。

〈僕〉という言葉は、まさにこうした時代にふさわしい、対等な関係を表す言葉として広がっていった。それも、学校を通じた教育や教養と結びついた関係である点が新しかった。

学校こそは社会的平等の推進装置であった。教室の中で同じ年齢の子供と向き合うとき、相手の社会的身分や貧富の差などはほとんど意識しない。色々な背景を持った子供と、クラスメートとして「君・僕」で呼び合ううちに、対等な国民どうしとしての意識が育《はぐく》まれていった。〈僕〉はこのように、学校などによって育まれた「対等な男子どうしの絆《きずな》」を表す言葉だったのである。

しかし、女性たちはそこからこぼれ落ちた。人口の半分を占める女性たちは、義務教育こそ施されたものの、高等教育の扉はなかなか開かなかった。社会的に男性と同等に扱われることもなかった。家では「家長」に従属するものとされ、戦後になるまで選挙権も与えられなかった。こうした女性たちの立場と、対等性を表す〈僕〉を女性たちが使わないとされたこととは、ぴったりと符合している。女性たちの置かれた立場の弱さは、現代にいたるまで日本社会が取り残した大きな課題となっている。

本書では、第1章で導入として、現代における〈僕〉の使われ方を取り上げ、第2章で自称詞〈僕〉が中国から伝わってきた古代から江戸時代後期までの変遷《へんせん》を記述する。第3章では吉田松陰の〈僕〉、第4章では松陰の弟子たちの〈僕〉を分析し、維新という激動期に〈僕〉が果たした役割を見る。第5章では明治から現代にいたる〈僕〉の変遷をたどり、終章で、〈僕〉の使用から排斥された女性と〈僕〉の関係について記述する。

ここまで読んでおわかりと思うが、この本はかなり変わっている。歴史の本でもあり、日本語の本でもあり、政治の本でもあり、社会の本でもあり、そして、ジェンダーに関する本でもある。そして何よりも〈僕〉の本である。

前例のない知的冒険をともにしていただければ幸いである。[*8]

＊1　本書では〈　〉は自称詞を表す記号とする。なぜ「一人称代名詞」という言葉でなく「自称詞」を使うかは第1章で論じている。

＊2　私の父は〈僕〉を使わない。大人になってから〈僕〉を使ったことは一度もないという。一九三六（昭和一一）年に静岡県で生まれ、一生を地方で過ごした父が〈僕〉を使わないのは、庶民的な出自によると思われる。

＊3　ちなみに、現在の著者は〈僕〉はまず使わない。自称詞〈僕〉の研究を始めてからその使用場面などを強く意識するようになり、気軽に使える言葉ではなくなったのである。

＊4　東北などの地方では、数十年前までは女性が〈おれ〉を一般的に使っていた。

＊5　東建コーポレーション株式会社。チェックしたのは二〇二三年三月一九日。
https://www.token.co.jp/about_token/recruit/blog/?entry_id=268

＊6　坪内祐三・高橋源一郎編『明治の文学　第5巻　二葉亭四迷』（筑摩書房、二〇〇〇）

＊7　「対等な男子どうしの絆と幕末の政治運動――吉田松陰の一人称〈僕〉を通じて」（放送大学大学院修士論文、二〇一九）

＊8　著者以外では、言語学者のれいのるず秋葉かつえ氏が自称詞〈僕〉について継続的に論文を発表している。れいのるず秋葉氏の研究には大きな刺激を受け、また多くを学ばせていただいた。

目次

第1章

〈僕〉という問題

玄関の掃除も、掃除機がけもしてくれる。宿題が終わると、「僕、何すればいい？」と必ず聞くんです。

（大相撲力士・御嶽海久司さんについて母マルガリータさんが語る）[*1]

ＷＢＣを席捲した〈僕〉

「僕がＭＶＰ（最高殊勲選手）をとったかどうかではなくて、日本の野球が世界に勝てるんだという。みんなが一つになって、本当に楽しい時間でした」。二〇二三年三月二一日（日本時間）に米マイアミで行われた「第五回ワールド・ベースボール・クラシック（ＷＢＣ）」決勝戦後の記者会見。日本代表の中心として活躍した大谷翔平選手は、優勝と自身のＭＶＰ獲得という、最高の形で締めくくった大会をこう振り返った。大会を通じて、日本中に大谷選手の姿があふれ、まさに時代のヒーローとなった。そんな大谷選手が記者会見やインタビューなどで使う自称詞〈僕〉は、さわやかでりりしいイメージにぴったりとはまっている。

大谷選手だけではない。最高齢選手で「精神的支柱」とも言われたダルビッシュ有投手から若手選手たち、さらには栗山英樹監督まで、日本代表メンバーは公の場ではもっぱら自称詞〈僕〉を使った。二〇二三年現在、そのことに違和感を抱く人はまずいないだろう。

　しかし、考えてみれば、かつての野球界では、〈ワシ〉〈ワイ〉といったいかつい印象の自称詞が当然のように飛び交っていた。いつの間にか、そうした自称詞は使われなくなり、ビジネスマナーではＮＧのはずの〈僕〉が、公の場の「正解」のはずの〈私〉をも押しのけて、すっかり一般的になっているのである。考えてみれば不思議なことである。

野球スター今昔――〈ワイ〉から〈僕〉へ

「おう、ワイや。巨人の番長、清原和博や」。元プロ野球選手・清原和博さんを扱った雑誌記事の書き出しだ。[*2] 大阪府岸和田市出身の清原さんの現役時代、雑誌『ＦＲＩＤＡＹ』では、自称詞〈ワイ〉で話す形で多くの記事が書かれ、一種の名物となっていた。

　もちろん書いたのは記者。清原選手が話したものでないことは読者には明らかだったが、監督批判や同僚選手の悪口など、言いたい放題の内容が清原選手の名を借りて書かれた。いかにも清原選手が言いそうだということだったのだろう。『ＦＲＩＤＡＹ』に掲載された写真の清原さんは、しばしば記者をにらみつけ、高級車で六本木や赤坂に夜遊びに出かけたり、様々な女性と付き合ったりと、「豪快」で「男らしい」イメージを振りまいていた。

清原選手に関しては、〈ワイ〉だけでなく、他の雑誌やスポーツ新聞では〈ワシ〉とした記事も多く見られた。〈ワイ〉〈ワシ〉はどちらも〈私〉が変化したものだが、清原選手が生まれ育った関西などで男性が使い、「男っぽさ」を強く感じさせる自称詞である。

清原選手がどこまで本当に〈ワイ〉〈ワシ〉と言っていたかはよくわからない。TV番組などで自称詞が話題になり、〈ワイ〉や〈ワシ〉などは「言わない」と否定したこともあるという。*3 しかし、記事の中には直接の発言の引用で〈ワシ〉と書いてあるものもあり、まったく使わなかったわけでもないようだ。

プロ野球には昔から清原選手のような関西出身者が多く、野村克也さんや江夏豊さんなど、清原選手の前にも〈ワシ〉を使った人はしばしばいた。関西では今でも、少数ながら若い男性でも〈ワシ〉や〈ワイ〉を使う人はいる。*4 清原選手の場合も実際に口にしたことはあるのだろうが、それがいかにもキャラクターにふさわしいと思われて、記事などで過剰に使われたのだろう。その結果、清原選手と言えば〈ワイ〉〈ワシ〉というイメージが定着してしまった。

しかし、引退から十数年を経た今、清原さんが〈ワイ〉〈ワシ〉で話すことはない。新聞などに登場するときも、もっぱら〈僕〉である。覚せい剤で逮捕されるという挫折を味わったこともあるが、現役時代こわもてと言われた容貌もぐっと柔らかく、ソフトになった。

その間に、野球界も大きく変わっている。今回のWBCではチームの中心となったダルビッシュ投手や大谷選手が若手に積極的に声をかけ、率先して和気あいあいとした雰囲気作りに努めた。それがチームの結束を強め、優勝という成果にもつながった。優勝後の記者会見で、ダルビッシュ投手は「(前回優勝した二〇〇九年)当時も素晴らしいチームでしたけど、今はフィールド外で笑顔があふれていますし、仲良く、チームとして一致団結している感じがしています」と振り返った。[*5]

ダルビッシュ投手は大会中に公開された動画[*6]で、野球界で口にされがちな「最近の若い子は根性がない」といった言葉について、「僕らの世代では最低でもそれは止《や》めなアカンと思ってる」と発言し、年功序列の伝統を乗り越える必要性を強調している。また大谷選手は、七歳年下の宮城大弥投手に「タメ口でこい」と声をかけ、その後宮城投手が「おはよう、翔平」とあいさつをすると、「いいね!」と親指を立てて答えたという。[*7]かつての野球界では考えられないことだ。

清原さんの自称詞の変化。それは清原さん個人を超えて、時代の変化を映し出しているのではないだろうか。

スポーツ界で一般化する〈僕〉

野球に限らず、近年のスポーツ界では男性の自称詞として〈僕〉が一般化している。二〇二二年に中国・北京で開かれた冬季五輪でも、フィギュアスケートの羽生結弦、鍵山優馬、宇野昌磨の各選手や、スキージャンプ・ノーマルヒルで金メダルを獲得した小林陵侑選手、スノーボードの平野歩夢選手など、注目選手はこぞって〈僕〉を使っていた。

巨漢たちが裸でぶつかり合い、かつては〈ワシ〉で話す人も多かった大相撲でも、最近は〈僕〉を使う力士が多くなっている。共に大関を経験した御嶽海久司《みたけうみひさし》さん、正代直也《しょうだいなおや》さんなどが筆頭だ。

御嶽海関は明るい笑顔がトレードマークだ。「近寄りがたい大関が本当は目標ですけど、僕の性格上、みんな話しかけてくれるので」[*8]。フィリピン出身の母マルガリータさんは「玄関の掃除も、掃除機がけもしてくれる。宿題が終わると、『僕、何すればいい?』と必ず聞くんです」とすすんでお手伝いをした少年時代を振り返っている[*9]。

正代関は十両昇進の記者会見で「できればみんなと当たり（対戦し）たくない」と発言、「ネガティブ力士」の異名をとった[*10]。他部屋との合同稽古で「僕はみんなとワイワイしたい」と話すなど[*11]、闘志を露わにしない柔和な雰囲気は、これまでの力士のイメージを打ち破っている。

相撲界ではかつては暴力的なしごきがはびこり、死者も出て問題化した。しかし、御嶽海さんや正代さんの存在は、そんな空気が今、大きく変わりつつあることを示しているようにも感じられる。〈僕〉という自称詞の柔らかい雰囲気が、その変化を演出している。

ＥＸＩＬＥには〈僕〉を使うルールがある？

黒っぽい衣装にサングラス、ひげ、スキンヘッド……。テレビで活躍するダンス&ボーカルグループＥＸＩＬＥのメンバーは、こわもての印象がある。しかし、メンバーが口を開くと――

「当時、僕、メイクとかしなくて坊主だったから（ＡＴＳＵＳＨＩさん）[*12]」「今の時代に何か少しでも僕たちの存在が、微力ながらでも何か力になれるような活動をしていきたい（ＡＫＩＲＡさん）[*13]」「僕が思うＥＸＩＬＥってやっぱりこう、こう言っちゃなんですけどちょっと不良というか（ＴＡＫＡＨＩＲＯさん）[*14]」。ＥＸＩＬＥのメンバーの使う自称詞は圧倒的に〈僕〉が多い。対談などでたまに〈俺《おれ》〉になることはあるものの、ルールがあるのかと思うほど〈僕〉で統一されている。また、デビュー曲「Your eyes only ～曖昧なぼくの輪郭《かたち》～」や「僕へ」など曲名や歌詞にも〈僕〉が多く使われており、一方〈俺〉を使った曲名や歌詞はないようだ。

ＥＸＩＬＥのような「こわもて」イメージの音楽グループはこれまでにもいくつかあった――宇崎竜童さん率いるダウン・タウン・ブギウギ・バンド、矢沢永吉さんらのキャロル、横浜銀蝿など――が、メンバーは〈俺〉で話していた印象が強い。それを考えるとＥＸＩＬＥのメンバーの〈僕〉使いは意外な感じもする。そこにはＥＸＩＬＥ創始者のＨＩＲＯさんの考えがあるようだ。

ＨＩＲＯさんにはこれまでに二冊の著書があるが、一冊目の『Ｂボーイサラリーマン』[*15]ではこわもてのイメージ通り、〈俺〉を使っている。ところが、二冊目の『ビビリ』[*16]では、一部を除いてすべて〈僕〉になっている。〈俺〉を使うのは、妻である女優の上戸彩さんへの思いを「俺よりものすごい経験をいっぱいしていて」[*17]と書く箇所など例外的だ。『ビビリ』でＨＩＲＯさんは「人と接するときは、基本は下から目線がいい」[*18]と謙虚さの重要性を説いている。競争が熾烈《しれつ》な芸能界で身につけた知恵だろう。ＨＩＲＯさんはそんな考えから〈俺〉よりも謙虚に聞こえる〈僕〉を使うようになり、またメンバーにも勧めているのかもしれない。メンバーの世代交代の影響もあり、最近のＥＸＩＬＥは外見のイメージも、以前よりもぐっとソフトになってきている。

女性にも広がる〈僕〉

二〇二三年三月のある休日。著者は東京・小金井市の「江戸東京たてもの園」内を妻と一緒に歩いていた。園内のうどん屋の前を通りかかったところ、一〇歳ぐらいの女の子がうどん屋から飛び出してきて、店内に向かって「お父さんお母さんは食べてればいいよ。僕はその間に見てまわってくる」と言って走っていった。

著者が直接耳にしたのは初めてだったが、現在、小学生の女の子で〈僕〉を使う子は、まったく珍しくない。そうした研究もある（終章で紹介）。もっとも〈僕〉を使う女子の多くは社会に出るまでに使用を止め、〈私〉に切り替えると見られるが、芸能界などでは自称詞〈僕〉を使う女性も徐々に出てきている。

現在自称詞〈僕〉を使う女性タレントとして知られているのは、俳優や歌手として活躍するあのさん。二〇二三年二月には渋谷・ハチ公前広場で展開されたクレジットカード会社の広告キャンペーンに起用された。このキャンペーンでは「僕ら以上の僕ら」をスローガンとし、[*19] ハチ公前広場に面する広告スペースでは、あのさんの写真とともに、高さ約三メートルの「僕ら」の文字が登場した。

クレジットカード会社としては、あのさんを起用し「僕ら」をキーワードにすることで、男女を含めた若年層にアピールすることを狙ったようだ。それだけ自称詞〈僕〉が一般化していることを示す一つの事例だといえるだろう。

〈僕〉が登場する記事が三〇倍に

実際のところ、最近〈僕〉という自称詞は、かつてないほど広く使われるようになっている。朝日新聞の記事検索「朝日新聞クロスサーチ」で「僕」を含む記事を検索したところ、検索可能な最初の年である一九八四年にはちょうど一〇〇件がヒットしたが、一九九三年には一〇〇〇件を超え、二〇〇〇年には三〇〇〇件を超えた。一時期は四〇〇〇件を超える年が続いたが、その後勢いは落ち着き、二〇二二年は三〇六八件となっている。それでも一九八四年の三〇倍と、四〇年足らずのうちに顕著な増加を示している。

客観的な視点を重視する新聞記者も、最近では、〈僕〉を使って記事を書くようになっている。漫画家・水島新司さんの追悼記事で、朝日新聞の安藤嘉浩編集委員は、

昭和生まれの男の子は野球をしながら育ったと言われるが、ある時期からは『ドカベン』を読みながら育ったと言ってもいいのではないか。

水島新司さんが描く野球漫画は、それほど少年たちを魅了した。ぼくは『ドカベン』だけでは飽き足らず、友達と一緒に水島作品を読みあさった。[*20]

と書いた。自分の少年時代を回顧する中で、普段は新聞記事には使わない〈ぼく〉が呼び出されてきたのだろう。こうした記事は、多くはないとはいえ、ときどき見られる。記者が〈僕〉を使って記事を書くことは、かつてであれば考えられなかったが、現在は個人的な思いがこもる記事に〈僕〉を使うことが許容されてきているのだ。

書籍タイトルではどうだろうか。「国立国会図書館オンライン」の蔵書検索で「僕」をタイトルに含む蔵書を検索してみると、一九七〇年出版ではわずか九件だが、二〇二二年では四五七件と、爆発的に増加している。

近年「僕」「ぼく」「ボク」をタイトルとした書籍としては、高橋源一郎さんの『ぼくらの民主主義なんだぜ』（朝日新書、二〇一五）や、ヒットしてアニメ化もされた漫画『僕のヒーローアカデミア』（堀越耕平作、集英社、連載：二〇一四―）、大ベストセラーとなった『ぼくはイエローでホワイトで、ちょっとブルー』（ブレイディみかこ著、新潮社、二〇一九）などが記憶に新しいところだ。〈僕〉をタイトルに使ったヒット作がコンスタントに出ているることから、ますます新刊書のタイトルとして選択されるという循環もありそうだ。

また、歌詞検索サイト「Uta-Net」[*21]を利用し、歌のタイトルを検索したところ、「ぼく」「ボク」「僕」をタイトルに含む歌は一九八八年発売ではわずか三曲にすぎないが、二〇二二二年発売では一六三曲に及んでいる。このように、様々な分野で〈僕〉〈ぼく〉〈ボク〉を含む）の使用が広がっているのだ。

「主体」を出す表現が増えている？

どうして〈僕〉の使用が以前より目立つようになっているのだろうか。

まず、公の場で「自分を語る」機会自体が、以前より増えているのではないかと見られる。これは〈私〉〈俺〉を含む自称詞全般に及ぶ話で、〈僕〉に限らない。

「朝日新聞クロスサーチ」で「俺」を含む記事を検索してみると、一九八四年にはわずか二件しかヒットしないが、二〇二二年には八六二件にも達している。件数では「僕」の三分の一以下ではあるが、やはり顕著に増加している。こうした〈俺〉の急増は、書籍タイトルでも同様に見られる。

「私」はどうだろうか。注意しなければならないのは、「私」という字は「私立大学」「公私」「私的」など自称詞とは異なる用法が非常に多く、検索で自称詞〈私〉の使用数だけを見ることはできないことだ。それを踏まえた上で「朝日新聞クロスサーチ」で検索すると、一九八四年には一〇二一件、二〇二二年には一万七七二三件とやはり急増している。このうちどれぐらいが自称詞〈私〉なのかはわからないが、〈僕〉〈俺〉の急増から見て、自称詞〈私〉の使用もやはり大きく増えているのではないかという推測が成り立つ。こうした増加傾向は書籍や歌のタイトルでもやはり見られる。特に書籍や歌のタイトルで〈私〉が使われる場合は、女性の視点を強く打ち出す狙いが感じられる。

このように、日本語で使われる三つの主な自称詞〈私〉〈僕〉〈俺〉のどれをとっても、新聞記事や書籍タイトルなどで使われる回数が急増していると見られる。

後にも触れるが、日本語はそもそも主語（主題）を省略できるケースが多い言語であり、話し言葉だけでなく、新聞記事や書籍など書き言葉の世界でもそうした意識が強かった。しかし、近年では以前に比べ、〈私〉〈僕〉〈俺〉といった自称詞を立て、主体を表に出すような話し方や書き方が顕著に多くなっているということではないか。

かつての日本社会は集団主義の傾向が強く、個人を表に出すことは比較的少なかった。こうした傾向は今でも残っているが、以前に比べれば個人主義化が明らかに進んでいる。職場での成果主義や能力主義は様々な弊害も指摘され、思ったほど導入が進んでいないとの見方もあるが、その根底にある「個人として評価されたい」という願望が以前よりもはるかに強くなっていることは間違いないだろう。そうした傾向の一つの表れとして、新聞記事も以前はほとんど匿名だったが、今は署名記事が主流になっている。自称詞の使用が増えているのは、こうした社会の風潮の変化とも関係があるだろう。

こうした個人主義化には、外国、特にアメリカの影響も大きい。社会や人間関係のあり方などでも、戦後一貫して、アメリカが一つの理想とされてきた。言語的な意味でも、英語の日本語への影響は増大する一方である。影響は基本的には外来語の増大のように語彙《ごい》の部分に表れているが、言い回しなどでも英語から入ったと思われるものもある。こうした広い意味での影響の一つとして、「主体を表に出す」ような表現、従来省略されることが多かった自称詞を立てる書き方や話し方が増えている可能性はあるだろう。

もう一つは、コンピュータ、インターネットの発達により、コミュニケーションの形が変わってきている可能性だ。例えばツイッター、フェイスブック、インスタグラムなどのソーシャル・ネットワークは、個人を主体とするものが圧倒的に多い。そうしたアカウントでは、自分の生活や自分の意見を発信する機会が爆発的に増えている。

かつてであれば、普通の生活を営んでいる人にとって、自分の生活や意見を外部に向かって発信する機会はほとんどなかった。当然、そうしたことを強く意識することもなかっただろう。しかし、今の情報環境では、自分の意見や生活を意識し、かつてはほとんど考えることのなかった他と異なる自分という人間のあり方について考える機会が増えている。こうしたことが言葉遣いに影響を与えてきているのではないか。

いる。

〈僕〉が選ばれる割合が増加

そうした主体を明示する書き方が増えている中でも、〈僕〉が選択される例が目立っている。

朝日新聞の「ひと」欄は、一九五九年四月に「人」欄として始まった人物紹介コラムだ。ユニークな活動をしている人や様々な賞の受賞者、ニュースの主人公など、そのときどきに注目すべき人物を紹介する欄として、基本的に毎日掲載されている。かつては取り上げられるのはほとんどが男性だったが、時代を経るごとに女性が増え、二〇二一年四月一日に出された「朝日新聞社ジェンダー平等宣言」で「男女どちらの性も四〇％を下回らないことをめざす」とうたわれるに至った。

「ひと」欄では一本の記事につき二、三か所、本人の言葉が引用されるのが普通である。そのため、「ひと」欄をチェックすることにより、その時代にどんな自称詞がどの程度使われていたかを見ることができる。一九六〇年から二〇年ごとに使われている自称詞を調べたところ、表1のような結果となった。

この間、紙面全体では前述のように自称詞の使用が著しく増えているが、「ひと」欄では自称詞が使われる割合自体は年を追うごとに顕著に減少していることがわかる。一九六〇年には一年間に登場した男性二六一人のうち一二一人（四六・四％）が何らかの自称詞を伴う形で言葉を引用されていたが、二〇二〇年には男性一八四人のうち、わずか三〇人（一六・三％）にすぎない。

これは、「ひと」欄はもともとスペースが決まっている上に、読者の高齢化に対応して活字が大きくなり、時代を追うごとに書ける字数が減っているためだろう。自称詞を省略しやすいという日本語の特性が、字数の節約に使われているわけだ。

その一方、自称詞の中で〈僕〉が選択される割合は大きく増えている。一九六〇年と一九八〇年には記事中で何らかの自称詞を使用する形で発言が引用されている男性のうち、七割強が〈私〉を使っており、〈僕〉が選択される割合はそれぞれ二三・三％、二一・五％にすぎなかったが、この割合が二〇〇〇年には大きく変化し、〈私〉が四一・四％、〈僕〉が五〇・〇％と逆転。二〇二〇年には〈私〉〈僕〉ともに四六・七％となり、〈私〉と〈僕〉がほぼ同等の割合で選択される傾向が定着したことがわかる。

〈僕〉は戦後世代の自称詞に

興味深いのは、〈僕〉を使用した男性の平均年齢である。一九六〇年に〈僕〉を使用した男性の平均年齢は五八・五歳と、ほぼ六〇歳である。実際、〈僕〉を使っているのは数人の例外を除いてほぼ五〇代以上であり、当時で言えば明治生まれに相当する。この世代

[**表1**] 朝日新聞「ひと」欄で使われた自称詞 ＊i

掲載年	1960	1980	2000	2020
総計人数	278	352	304	288 ＊vi
女性	17	46	67	103
男性	261	306	237	184
〈私〉使用者（%）＊ii	87（72.5）	81（75.7）	24（41.4）	14（46.7）
〈俺〉使用者 ＊iii	1	2	4	2
〈僕〉使用者（%）＊iv	28（23.3）	23（21.5）	29（50.0）	14（46.7）
〈僕〉使用者の平均年齢 ＊v	58.5	41.3	49.2	55.0
その他	5（わし）	1（こちら）	1（わし）	0

＊i　1960年は「人」欄

＊ii　〈わたし〉〈わたい〉〈わたくし〉なども含む。%は男性から外国語による取材と見られる人数を除き、何らかの自称詞を使用した人の中で〈私〉を使用した割合。

＊iii　〈おれ〉〈オレ〉を含む。

＊iv　〈ぼく〉〈ボク〉を含む。%は男性から外国語による取材と見られる人数を除き、何らかの自称詞を使用した人の中で〈僕〉を使用した割合。

＊v　〈僕〉を使用した人の取材時点での平均年齢。

＊vi　取材に対し男女どちらでもないと話した人を含む。

は一九六〇年には各分野のリーダーだった。

顔ぶれを見ると、〈僕〉を使っているのはほとんどが東京大学卒をはじめとする高学歴者であり、官僚、政治家、経済人、学者、作家などのエリート層であることがわかる。つまり、戦後間もない頃、〈僕〉という言葉には戦前からのエリートが使う自称詞というニュアンスが強くあったということだ。

ところが、一九八〇年には平均年齢が四一・三歳と一気に一七・二歳も若返って、一部の高齢者を除けば、戦後教育を受けた二〇代から四〇代が使用者の中心になっている。職業も様々であり、音楽家などの自由業が目立つ印象はあるものの、大きな偏りは感じられない。この間、戦前世代が引退するとともに、〈僕〉を使う世代が大幅に若返ったことがわかる。そして「エリートの自称詞」という特徴は、戦後世代では消えている。

二〇〇〇年、二〇二〇年には〈僕〉使用者の平均年齢が徐々に上がっている。これは〈僕〉をより頻繁に使う戦後世代が社会の主流になったことを示している。それにつれて、戦前はエリート層に偏っていた〈僕〉という自称詞の使用が階層によらず、年齢を超えて定着した。それにつれて、取材に対して〈僕〉で答える人の割合が〈私〉と同じ程度まで上昇したことがわかる。

このように、「ひと」欄の調査からは、戦後教育を受けた世代が主流になるにつれ、

〈僕〉が公の場で広く使われるようになったという経緯が、はっきりとわかるのである。

〈僕〉が増えた理由は？

どうして男性の間で、特に公の場で〈僕〉が選択されるケースが増えているのだろうか。一つには戦後、教育が普及し、一貫して高学歴化が進んできたことが挙げられる。第2章以下で詳しく述べていくが、〈僕〉という自称詞は学問・教育との結びつきが非常に強い。現在でも教科書では男子が〈僕〉、女子が〈私〉を使う形で表現されているケースが多く、教室では男子は〈僕〉を使うよう、一般に推奨されてもいる。

「ひと」欄で一九六〇年に〈僕〉を使っていた男性のほとんどが高学歴者であったことからもわかるように、学校生活が長くなるほど、「学校用語」である〈僕〉の使用が身につくという傾向があると見られる。戦前の義務教育は一二歳までであり、長い学校生活を送れるのは高学歴のエリートだけだった。だからこそ〈僕〉の使用が高学歴のエリートに偏っていたのである。しかし二〇二二年には高校進学率は九九・二%、さらに大学・短大・専門学校への進学率は合計八割を超えており、ほとんどの人が戦前のエリートに匹敵する長い学校生活を送っている。こうした高学歴化の進行は、階層を超えて〈僕〉が選択される傾向を高めると考えられる。

さらに、近年の日本では、ジェンダー意識が急速に変化していることも見逃せない。女性の社会進出が進み、育児・家事への男性の参加が求められている。公共の場で女性を見下すような発言は厳しく批判されるようにもなった。実態はまだまだだが、意識の変化は大きい。「俺は男だ」とふんぞり返るような態度は職場でも家庭でも受け入れられないものになってきている。

このような社会では、もっとしなやかで、女性に対しても対等に向き合う男性のあり方が求められている。そうした意識を表すものとして、〈私〉よりも個人的で柔らかく、また〈俺〉よりも優しい響きのある〈僕〉が選択されるようになっているのだろう。

こうした意識の変化がよくうかがえるのは歌の歌詞である。前出の「Uta-Net」で〈僕〉が使われる歌詞を見ると、そこで強調されているのは優しさ、ひたむきさ、自らを振り返る内省的なイメージなどだ。これらの歌からは、女性と歩調や目線を合わせて共に生きようとする男性の姿が浮かび上がってくる。

一方〈俺〉が使われる歌詞では、世間に抗《あらが》って自らを貫こうとするたくましさや、競争社会でのし上がろうとする強さが表現されている。前述のように〈僕〉が使われたタイトルの曲は一九八八年発売の三曲が二〇二二年発売では一六三曲に増えたが、〈俺〉の場合は一九八八年発売が二曲だったが、二〇二二年発売では一二曲であり、やはり増えてはいるものの、〈僕〉との差が大きく開いている。

毎年大量に作られる新曲は、社会に住む人々の感情や意識に形を与えることを目指しており、それに成功すれば広く受け入れられ、ヒット曲として後世に残っていく。二〇二二年に発売された歌のタイトルで〈僕〉が〈俺〉の一三倍以上に達しているという結果は、今求められている男性像のありようを何よりも雄弁に物語っているのではないだろうか。〈僕〉という自称詞が映し出すのは、大きく変わりつつある男性のあり方を巡る意識なのだ。

主な自称詞の由来や性質

ここまで何度も触れてきたように、現在、日本、特に東京を中心とした関東地方で日常的に使われている主な自称詞は〈私〉〈俺〉〈僕〉の三つである。ここで、これらの由来や性質を簡単に比較してみよう。[*22]

歴史的に最も古いと思われるのは〈俺《おれ》〉で、中世から使われている。古代には目下の相手に対して呼びかける対称詞（二人称）だったという。日本語は自称詞と対称詞の区別があいまいで、他にも〈われ〉〈手前《てまえ》〉など、両方の意味を持つ言葉がある。〈おれ〉は〈おのれ〉が変化したという説もあるが、〈おのれ〉という言葉も「おのれ、憎い奴め」など、対称詞としても使える。

〈俺〉は、江戸時代には階層や性別を超えて、最も一般的に使われていた自称詞だった。女性が使うのも自然だったということである。しかし江戸後期になると、女性は徐々に使わなくなり、〈私《わたくし》〉を使うようになっていった。しかし地方では、ごく最近まで女性の使用例がある。ビートたけしさんがよく使う〈おいら〉や田舎の人が使うイメージのある〈おら〉なども、〈俺〉のバリエーションである。

〈私《わたくし》〉は中世後期に登場したものだ。もともと「公《おおやけ》」の反対の意味であることはご存じだろう。そうした元の意味から、謙譲の意味で自称に使われるようになったものである。省略されて〈わたし〉と言われるのが普通。江戸時代には商人などが相手を非常に尊敬するニュアンス（つまり、強い謙譲を表すニュアンス）で用いていたという。

現在ではそれほど特別な謙譲のニュアンスはなくなったが、丁寧な言葉として、男女ともに広く使われている。〈あたし〉〈あたい〉〈あちき〉〈わし〉〈わい〉などバリエーションも多い。

語頭の「わ」は古代の自称詞〈わ〉の流れを汲んでいると言われる。かつての日本人が自分のことを〈わ〉と呼んでいたので日本が「倭国《わこく》」と呼ばれるようになったという説がある。今でも青森県などでは自称詞として〈わ〉が使われている。しかし「わ」に続く

「たくし」がどこから来たかはわからない。

〈俺〉〈私〉はいわば「純日本的」な自称詞だが、それとは別に中国から来た「漢語自称詞」と言われる一群がある。漢文教養の普及とともに流入してきたもので、特に江戸時代には文章語として盛んに使われた。〈我《われ》〉〈吾《われ》〉〈予《よ》〉〈小生《しょうせい》〉〈吾輩《わがはい》〉〈拙者《せっしゃ》〉〈不佞《ふねい》〉〈愚《ぐ》生《せい》〉など、まだまだある。

書き言葉だけで使われるものも多かったが、話し言葉に入ったものもあり、この本のテーマである〈僕〉もその一つである。『古事記』などにも用例はあるものの、本格的に使われるようになったのは江戸時代になってから。階層を超えて一般に広まったのは明治時代以降と新しい自称詞であり、ここまで説明してきたように、今も年々勢力を拡大している。また、かつては女性も使った〈俺〉や現在も男女共用の〈私〉と比較すると、歴史を通じて女性の使用が社会的に抑圧されている点に際立った特徴がある。

男性が最も一般的に使うのは〈俺〉

これら三つのうち、男性がプライベートで最も一般的に使っているのが〈俺〉であることは間違いない。[*23] 教育学者の西川由紀子によると、「保育園の保護者を対象にしたアンケートによって分析した結果、子どもは両親に対して2歳台で名前や愛称で自分のことを名乗るようになり、さらに男児の場合は3歳台で名前や愛称に加えて、『ぼく』や『オレ』を使い始め、5歳の7割、6歳の8割が、『ぼく』もしくは『オレ』を用いることが示された。その『ぼく』と『オレ』の使い分けに関しては、両親に対しては『ぼく』を用いる傾向、友だちに対しては『オレ』を用いる傾向が示された[*24]」という。

実際の使い分けでは個人差もかなり大きいと思われるものの、幼稚園・保育園から小学校にかけて多くの男児が〈僕〉と〈俺〉を場合によって使い分けるようになり、特にクラスの友達に対しては〈俺〉を使うようになるということは確かだろう。筆者の記憶をたぐってみても、小学校から高校にかけては学校ではほぼ〈俺〉を使っていたように思う[*25]。

多くの男性はこの普段使いの〈俺〉、ややよそ行きの〈僕〉の使い分けの上に、社会に出た時点で、公の場では〈私〉を使うことを学び、〈俺〉〈僕〉〈私〉の使い分けが完成する。プライベートでは目上に対しては〈僕〉、同等か目下に対しては〈俺〉であり、職場など仕事関係では〈私〉を使うという使い分けである。ただ、具体的にどのような場面でどれを使うかには地域差、階層差、年代差、さらにかなりの個人差があるだろう。小学生の頃からどんな場面でも〈僕〉で通す人もいるだろうし、それが許容されるかどうかは、地域や階層によって異なるだろう[*26]。

こうした中で近年〈僕〉の使用が目立ってきているということは、かつて〈私〉や〈俺〉

などが使われていたような場で〈僕〉を選択する男性が増えているということだと考えられる。具体的に言えば、これまで紹介したスポーツ選手や「ひと」欄で取材された人たちのように、以前なら〈私〉を使う場で〈僕〉を使ったり、またEXILEのメンバーのように、〈俺〉と言ってもよさそうな場合に〈僕〉を使ったりするということである。

自称詞とは？

さて、ここまで「自称詞」という言葉を使ってきたが、「一人称代名詞」ではないのか、と思った読者もいるのではないだろうか。どうしてこの本では「自称詞」という言葉を使うのか。「自称詞」という言葉をスタンダードなものにした言語学者・鈴木孝夫の説[*27]に従って、その説明をしておこう。

そもそも「代名詞」とは何だろうか。英語など欧州系の言語では、代名詞には名詞とは違う性質がある。例えば名詞とは語順が変わる文があったり、また直接修飾することができない（例えばa nice boyとは言えてもnice heとは言えない）など。そもそも欧州系の言語の代名詞は数が非常に限られている。英語なら一人称の代名詞はIとweしかないし、二人称はyou、三人称はhe, she, theyで合計六つしかない。また、例えば欧州言語の一人称単数は、歴史を遡《さかのぼ》ればすべて一つの単語からきているのだという。

そして、その言葉自体は無色透明で何のニュアンスも含まれていない。例えばIという言葉は自分を指す記号でしかなく、そこからこの人がどんな人か推測することはまったくできない。このようにただの名詞とははっきりと違うものなので、名詞とは別の「代名詞」というカテゴリーになっているのである。

そう考えると、日本語の〈私〉〈俺〉〈僕〉などは欧州系言語の代名詞とはまったく異なることがわかる。文法的に名詞と違うところはないし、それぞれにニュアンスがあり、使う人の人柄を感じさせる。また、様々なバリエーションに見られるように、増殖していく性格がある。日常の会話では自分のことを〈お母さん〉〈先生〉など属性や身分で呼んだり、若い女性によく見られるように、自分の名前で自分を呼ぶこともある（こうしたことは欧州系の言語でも可能だが、日本語よりもずっと少ない）。これらも広い意味で自称詞の一種と考えれば、日本語の自称詞は無限にあるとさえ言えるだろう。

こうしたことから、これらの言葉は「代名詞」というよりは、「自称詞」という名詞の一種と考えるのがよいということになるのである。

すり減っていく「敬意」

このように、日本語の自称詞や対称詞（〈おまえ〉〈あなた〉など）は欧州系言語の代名詞と比べると、文法的に特別な力は持っていない。言ってみれば、文法的に軽い言葉だ。そして様々なニュアンスがあるのが特徴である。そんな言葉だから、自称詞や対称詞はめまぐるしいほど多く登場し、次から次へと移り変わってきたのである。

自称詞・対称詞の移り変わりには一つの法則がある。「敬意逓減《ていげん》の法則」と言われるのがそれである。人を相手にするときに使う言葉の「敬意」が、使えば使うほど「すり減っていく」ということである。[*28]

これに関しては、まず対称詞を例にした方がわかりやすい。例えば、〈貴様《きさま》〉という言葉。漢字を見ればわかるように、かつては非常に高い敬意を示していたが、徐々に敬意が低くなっていった。有名な軍歌「同期の桜」の歌い出しは「貴様と俺とは同期の桜」で、対等の相手への呼びかけだということがわかる。それが今では非常に乱暴な響きになり、相手にけんかをふっかけるのでもなければ使えない言葉になった。

〈貴様〉だけではなく、歴史を通じて多くの言葉が敬意をすり減らして、使われなくなってきた。例えば〈お前〉という言葉も、室町時代には尊敬の意味を込めて使う言葉だった。江戸時代末期にも尊敬の意味で用いられた例があり、また同輩に対して丁寧さを込めて使うこともあったが、今では目下の人に対してもやや乱暴に響き、使いにくい言葉になっている。

今一般的に使われている〈あなた〉も、かつては非常に高い敬意を表していたようだ。今ではかろうじて対等の相手に使われる言葉と考えられるが、間もなく失礼な言葉として使われなくなっていくだろう。

と言うよりも、現在でも、「あなた、元気ですか」などと言われると失礼に感じる人もいるのではないだろうか。そう感じるのは、一つには日本語の性質もある。日本語は一部の言語学者からは「主語がない」言語と言われる。[*29] 日本語は、

「あした学校に来る？」
「行きますよ」

などのように、ほとんどの文は主語がなくても成立する。これを「主語が省略されている」と言ってもいいが、「そもそも（特別な存在としての）主語がない」と考える言語学者も多いのだ。欧米系言語の場合、主語は動詞の形を左右するなど、文の根幹を決める役割を担っているのに、日本語はそうではないからだ。

「主語がない」のか、「主語が省略されている」のか、この点は言語学者の間でも意見や表現の違いがあるが、いずれにしても、欧米系言語に比べ、主語の存在が極めて軽いのは事実だろう。

特に会話の際は、「あなたは」などと相手を指して言うことは少なく、むしろ省略する

方が普通だ。どうしても相手を指す言葉が必要な場合は、〈あなた〉〈君〉などの対称詞を避けて、相手の属性や身分（「お父さん」「部長」など）を使うことも多い。

そうした中で、相手が目下の場合には、「あなたはもっと真面目に勉強しなさい」などと対称詞を使うこともある。あるいは親しい友人や夫婦などの場合には〈君〉〈あなた〉などの対称詞を使いやすい。このようにあまり使わない対称詞をあえて用いるだけで、気安い感じが出てしまうのだ。だから、対称詞そのものに高い敬意がこもっていたとしても、使うだけで敬意がすり減ってしまうのだと思われる。

自称詞が徐々に「偉そう」に

このように、時代が経つにつれて言葉に込められた敬意がすり減り、特に敬意のない普通の言葉、さらには乱暴で使いにくい言葉になっていくため、また新たな敬意を込めた言葉が登場する。このようにして言葉が移り変わっていく。これが「敬意逓減の法則」による言葉の移り変わりである。この移り変わりの速度は、時代が進み社会変化が激しくなるに連れて増しているという。

ここまでは主に対称詞を例にして説明したが、自称詞にも同様な変化がある。対称詞は徐々に乱暴な言葉になっていくが、自称詞の場合、相手に対する敬意がすり減る結果、同じ自称詞が徐々に「偉そう」に聞こえるようになる。すでに書いたように、〈俺〉も江戸時代には様々な身分の男女が使う普通の自称詞だったが、江戸時代の終わりには女性が使うには乱暴に感じられるようになり、女性は使わなくなっていった。そして今では男性が使う場合も少し乱暴に響くようになった。男性が友達どうしや目下相手に使うにはいいが、それ以外の場合には使いにくくなっている。

こうした変化が、男性自称詞として〈俺〉よりも〈僕〉の使用が増えている背景にあると思われる。男性にとって最も一般的だった自称詞〈俺〉が、徐々に乱暴に聞こえるようになっているため、日常生活はともかく、公の場では使いづらくなってきた。かつてロックミュージシャンなど「こわもて」を売り物にする人たちは、〈俺〉という言葉をインタビューやコンサートなどで使うことで、本音で語る率直さや社会におもねらない強さをアピールしていたと思われる。だが、〈俺〉の尊大さが増すにつれて、むしろファンに対して無礼に聞こえることを心配し、より丁寧なニュアンスの〈僕〉に乗り換えるようになったのではないだろうか。かつて〈俺〉を使ってきた矢沢永吉さんなども、最近では〈僕〉を使うことが増えている。

〈僕〉という自称詞も、もともとは「しもべ」の意味があり、古代には謙譲の意味が強い言葉だったが、そうした意味は徐々に失われて、仲間どうしの対等の意味で用いられるようになって広がっていった。「敬意逓減の法則」から考えれば、将来は〈僕〉も現在の〈俺〉と同じように「偉そう」に聞こえるようになって、別の自称詞が登場するのだろう。しかし、それはまだかなり先のことになりそうだ。

〈僕〉が平等を促進？

本書では〈僕〉の歴史をたどっていくが、そこでは社会の変化と〈僕〉の普及がリンクしていた点に注目している。具体的には、江戸時代の身分社会から近代の「平等」な社会への移行が〈僕〉の普及を後押しし、逆に〈僕〉という言葉が「平等」を促進する効果を持っていたということである。

詳しくは第2章以降で展開するが、果たして言葉にそんな力があるのかと疑問に思う読者もいるだろう。

実のところ、言葉がこうした働きを持つことは、広く認められているのだ。言語学の世界で有名な論文R. Brown and A. Gilman (1960)[*30]は、欧米言語の二人称代名詞（対称詞）の使用法の変化と社会の変化の関連を分析している。

フランス語やドイツ語など英語以外の欧米言語を勉強したことがある人は、単数の二人称代名詞が二つあることをご存じだろう。フランス語にはtuとvous、ドイツ語にはdu

とSieがあり、前者は親しい関係で、後者はそれほど親しくないか、知り合ったばかりの遠慮のある関係で用いられる。

この論文によれば、かつて身分社会であった時代には、身分が上の者から下の者へはtuやduが、下から上へはvousやSieが使われ、代名詞が身分の違いを示す働きをしていた。

ところが、フランス革命などで社会の平等化が進むとこれが変化した。フランス革命では一時、身分の違いを表す言葉としてvousの禁止が打ち出されたこともあったが、結局は復活。しかし身分の上下によるtuとvousの使い分けは消えて、お互いに同じtuないしvousを使うことで、「人間関係の遠近」を表すものになったという。つまり、お互いにtuを使う場合は関係が近く、vousを使う場合は関係が遠いことになり、上下関係を示す機能はなくなった。同様の変化は近代化が進み、身分制度が廃止されるにつれて、欧州の各国で起こった。

現在、例えば主人と執事の関係では、主人の許可により互いに「親しさ」を表すtuやduを使っていることが多いのだという。執事が主人に〈君〉で呼びかけているようなものだから、日本の感覚では不思議な気もするが、立場の上下はあるものの、「人間として近い関係」にあると考えられているからだ。一方で軍隊の上官と部下では互いにvousや

Sieを使っているという。これは組織の性質の堅さを示しているのだろう。上官と部下の人間的な親しみよりも、厳格に職務を執行することを重視し、「人間関係の遠さ」を表す言葉があえて選ばれているのだ。

英語でも昔は、今も用いられるyou以外に、上から下、ないし親しい間で用いられていたthouという二人称があったが、なくなった。これも身分社会から平等社会へという変化に伴うものだ。二人称の使い分けそのものがなくなることで、社会の平等化に対応したというわけである。

このように、言葉の使い方が社会の変化に対応し、同時に社会の変化を促進もするということはよくあることなのである。その場合、欧米などではここまで記したように、二人称がその役割を担うことが多い。だが、日本ではそもそも対称詞が使いづらいという性質があるため、自称詞が社会変化を体現する役割を担ったのではないだろうか。

言語学者・れいのるず秋葉かつえはR. Brown and A. Gilman (1960) の論理を日本語に応用し、日本語の自称詞にも身分の上下に応じた「権力原理」のものと、対等な関係を表す「連帯原理」のものがあるとした。そして、江戸時代中期に権力原理の自称詞〈拙者〉などが連帯原理の自称詞〈僕〉に移り変わっていったとしている。[*31] わかりやすく言えば、それまでの縦の身分社会が平等を基本とする近代社会に移り変わるときに、それまでの対等でない言葉遣いに代わり、対等の人間関係で用いられる〈僕〉が広まり、社会変化を象徴するとともに、それを促進する役割を果たしたということである。

あまりに日常的であるために普段意識することもない自称詞〈僕〉。このさりげない言葉は、日本の歴史の一大転換期であった幕末・明治維新の置き土産《みやげ》として広まったのである。〈僕〉がどこから来て、どのように広まり、激動の中でどのような役割を果たしていったのか。そんな〈僕〉の大冒険を、いよいよ次章から展開していきたい。

なお、第2章から第4章にかけて扱う古代から幕末までの史料は、読みやすさを優先して現代語訳した。原文の〈僕〉はすべてそのまま訳文に反映した。要するに訳文に「僕」とあったら、原文でもそこで「僕」が使われていたということだ。なお、江戸時代までの文章で自称詞〈僕〉が「ぼく」「ボク」といった仮名で表記されることはなく、すべて「僕」と漢字表記されたものである。

＊1　『婦人公論』二〇一八年九月一一日号
＊2　船川輝樹著『おうワイや！　番長日記』（講談社、二〇〇三）p.8
＊3　同右 p.169
＊4　村中淑子「関西方言の自称詞・対称詞に関する覚え書き」（『現象と秩序』3　pp.69-80）では

二〇一五年七月に大阪・神戸の大学生を対象に行った調査の結果が掲載されているが、男子大学生一五人のうち、二人がふだん友達と話す時に使う自称詞の一つとして〈ワシ〉を挙げており、ほかに〈ワイ〉〈ワテ〉も一人ずつが挙げている。

＊5　朝日新聞二〇二三年三月二三日付

＊6　Baseball Channel by 高木豊　【衝撃】ダルビッシュのＷＢＣ出場の裏には〝大谷翔平からのＬＩＮＥが…〟永久保存版「変化球論」（9分30秒）
https://www.youtube.com/watch?v=ACBd1Ndwk9o

＊7　サンケイスポーツ二〇二三年三月二三日付

＊8　朝日新聞二〇二一年一月二七日付

＊9　＊1と同じ

＊10　東京新聞二〇二〇年一〇月一日付

＊11　スポーツ報知二〇二〇年一〇月一六日付

＊12　【悪い顔選手権】激おこ?! ＡＴＳＵＳＨＩがＭＡＴＳＵに物申す!!
https://www.youtube.com/watch?v=3qNpITf4iow　（9分50秒）

＊13　【ＥＸＩＬＥ加入時の貴重映像も満載！】ＥＸＩＬＥ ＡＫＩＲＡが語る、ＥＸＩＬＥ魂の原点
https://www.youtube.com/watch?v=F0aysSKWaUs　（23分10秒）

＊14　【Bar ATSUSHI】ＥＸＩＬＥ ＴＡＫＡＨＩＲＯご来店！前編
https://www.youtube.com/watch?v=UkxChs9RkJo　（3分47秒）

＊15　幻冬舎、二〇〇五
＊16　幻冬舎、二〇一四
＊17　同右 p.287
＊18　同右 p.213
＊19　「Life CARD 僕ら以上の僕ら。」16年振りの広告展開！〜あのちゃんを起用し、若年層への共感をテーマにブランディング活動をスタート〜
https://prtimes.jp/main/html/rd/p/000000134.000009391.html
＊20　朝日新聞二〇二二年一月一八日付
＊21　https://www.uta-net.com/
＊22　『日本国語大辞典』［第2版］（小学館、二〇〇二）の記述などを参考にまとめた。
＊23　荻野綱男「最近の東京近辺の学生の自称詞の傾向」（『計量国語学第二十五巻第八号』、二〇〇七）では日本大学の学生を中心にした調査の結果が掲載されているが、男性は家族、親友、学校友達、学校後輩、バイト先後輩などに対し約八割の割合で〈おれ〉を使い、また学校やバイト先の先輩に対しても〈ぼく〉よりも〈おれ〉が多い。
＊24　西川由紀子「クラス集団に規定された自称詞の使い分け――オレって言ったらヒゲがはえるんやで」（『華頂短期大学研究紀要』第48号 pp.155-167、二〇〇三）
＊25　そこでは〈俺〉使用への同調圧力も強く働き、〈俺〉に抵抗を覚える子供はアイデンティティ・クライシスに追い込まれていく。終章ではそうした事例を紹介している。

＊26　著者の高校の先輩で、男性であるが、ほぼどんな場面でも〈私〉で通す人がいた。その人は現在、言語学者になっている。

＊27　鈴木孝夫著『ことばと文化』（岩波新書、一九七三）

＊28　佐久間鼎著『日本語の言語理論』（厚生閣版、一九五九）

＊29　代表的な主張者として三上章が挙げられる。主著に『象は鼻が長い――日本文法入門（三上章著作集）』（くろしお出版、一九六〇）。

＊30　R. Brown and A. Gilman (1960) The Pronoun of Power and Solidarity In T. A. Sebeok (ed.), Style in Language, pp. 253-276. MIT Press.

＊31　れいのるず秋葉かつえ「自称詞の歴史社会言語学的研究――『拙者』から『僕』へ――」（現代日本語研究会『ことば』39号、二〇一八）。著者は本書第3章と第4章の原型となった吉田松陰の自称詞の研究を扱った修士論文執筆の大詰めの時期にれいのるず秋葉の一連の研究を発見し、自分の考えが自分一人のものでないことを知って衝撃を受けた。れいのるず秋葉の研究は重要な先行研究であり、本書の随所で、れいのるず秋葉の研究を参考にしていることを一言したい。

第2章

〈僕〉の来歴――古代から江戸時代後期まで

僕は妣《はは》の国根《くにね》之《の》堅州《かたす》国《くに》に罷《まか》らむと欲《おも》ふ*1

（『古事記』よりスサノヲノミコトの言葉）

日本最古の〈僕〉

現存する日本最古の書である『古事記』で、〈僕〉はすでに使われていた。最初に〈僕〉を使って話すのはスサノヲノミコト（以下スサノヲ）。ヤマタノオロチ退治のエピソードで知られる暴れん坊の神である。

スサノヲの父は、イザナギノミコト（以下イザナギ）で、妻イザナミノミコト（以下イザナミ）と共に日本の島々を生んだ神である。イザナギは、アマテラスオホミカミ（以下アマテラス）、ツクヨミノミコト（以下ツクヨミ）、スサノヲの三柱の神に世界の支配を任せようとし、アマテラスに高天原《たかまがはら》を、ツクヨミに夜の世界を、そしてスサノヲに海を支配するように言う。

しかしスサノヲだけは言いつけられた仕事をしようとせず、ただ子供のように泣き叫ぶばかり。成長してひげが生えるようになってもまだ泣いている。「どうして泣いているのか」と父に聞かれて「僕は母のいる根の堅州国に行きたいと思って泣いているのです」と答える。『古事記』の編纂は和銅五（七一二）年。記録に残る日本最古の〈僕〉である。

母のイザナミは、スサノヲらを生んだ後に火の神を生み、やけどで死んでいた。そのイザナミがいる死者の国に行きたいと言うのである。イザナギは激怒し、スサノヲを高天原から追放する。

『古事記』では、スサノヲをはじめ、合計二四のキャラクターが〈僕〉という一人称を口にする。スサノヲやオホクニヌシノミコト（「大国主命」として有名な出雲の神、以下オホクニヌシ）のような神もいるが、初代の天皇である神武天皇をはじめとする人間、さらにはオホクニヌシに助けられたことで有名な因幡《いなば》の白兎《しろうさぎ》やワニ（現在のサメを指すと言われる）といった動物も〈僕〉を使う。また、女性が三人いるのも興味深い。

ちなみに読みは「ぼく」ではなかった。仮名がまだ発明されていなかった当時のこと、実際どう読まれていたのか、確証はない。現在出版されている『古事記』の読み仮名は平安時代初期などに付された万葉仮名の読み仮名などを元にしたもので、〈僕〉の読みについては、「あ」「やつかれ」「やつこ」など様々な説がある。

『古事記』における表記は、和語の意味に同じ意味と考えられた漢字を当てるか、和語の音に似た音の漢字を当てたもの（「万葉仮名」という）であり、〈僕〉の場合はその前者、つまり和語の自称詞に漢語自称詞の一つである〈僕〉を当てたものと考えられている。『古事記』全体で見れば〈僕〉の使用は圧倒的に少なく、最も多く使われている自称詞は〈吾〉であり、また、所有格（「私の」という意味）として〈我〉が多く使われている。これらも〈あ〉〈われ〉などと読まれたと考えられる。

現代では主に対等な関係で使われる〈僕〉だが、『古事記』でははっきりと立場が下の者が上の者に対して自分を指して使う謙譲語としての用法がすべてである。例えば、スサノヲは父であるイザナギと姉アマテラスに対して〈僕〉を使うが、その後、地上（葦原中《あしはらなか》国《つくに》と呼ばれる）に降りてからは使うことはない。地上には自分より立場が下の者しかいないからである。地上では〈吾〉などを使っている。

また、因幡の白兎はオホクニヌシに対して〈僕〉を使うが、オホクニヌシが白兎に対して〈僕〉を使うことはない。『古事記』の世界で〈僕〉を使うことは、明確に自分が相手よりも立場が下であることを示すから、お互いに〈僕〉を使う関係は成立しないのである。

『古事記』の世界観を表現

こうした謙譲語としての〈僕〉には、『古事記』の世界観を提示するのを助ける役割がある。『古事記』はただの神話や歴史の本ではなく、政治的な目的をもって編纂《へんさん》された。『古事記』の物語では、アマテラスの子孫である高天原の神が葦原中国に降り、当時そこを支配していたオホクニヌシから支配権を譲り受け、その子孫が天皇となる。

つまり、天皇家は高天原の神の子孫であり、だからこそ地上を支配する正統性があるというのが、『古事記』が伝えようとしたメッセージである。〈僕〉はこうした世界観に沿った形で、立場の上下を明確にするように使われているのである。

例えば、『古事記』に登場する神には「天つ神《あまかみ》」と「国つ神《くにかみ》」がある。天つ神は高天原の神であり、アマテラスを代表とし、そこから天皇へと至るライン上に位置している神である。一方国つ神は地上にもともといた土着の神で、代表はオホクニヌシ。『古事記』の世界観から言えば、当然天つ神が国つ神よりも上でなければならない。だから『古事記』では国つ神が天つ神や天皇に対して〈僕〉を使う。その逆はまったくない。

地上に降りて以降のスサノヲが〈僕〉を使わないのも、スサノヲが高天原から来た天つ神だからである。地上で出会った老夫婦と娘に対し、スサノヲは「汝等《なんじら》は誰だ」と尋ね、夫は「僕は国つ神、（略）僕の名はアナヅチ、妻の名はタナヅチ、娘の名はクシナダヒメと言います」と答えている（有名なヤマタノオロチ伝説の始まりである）。

オホクニヌシはスサノヲの子孫だが、地上に土着した国つ神なので、高天原からやってきたアマテラスの使者に対し〈僕〉を使って応対する。国を譲るよう言われたオホクニヌシは「（要求に応じるかどうか）僕は言いません」と自分の子供の意見を尋ねるよう使者に促すが、結局は二人の子供が使者の要求に屈したため、「僕の二人の子供のお答えするままに、（略）ご命令の通りに献上いたします」ということになる。天つ神やその子孫の天皇に出会った国つ神が〈僕〉を使って恭順の態度を示す場面は繰り返し登場する。そのような物語を通じて、天皇が天つ神から受け継いだ絶大な権威を示しているのである。

その後の『古事記』では、天皇家の者たちが反抗する者らと戦い、征服していく様子が描かれる。その際にも〈僕〉が使われている。例えば、天皇の息子であるヲウスノミコト（以下ヲウス）が朝廷に反抗するクマソタケルと戦ったとき、クマソタケルは負けを認め「僕は言うことがあります」と言う。死を覚悟したクマソタケルは、ヲウスの強さを称《たた》えて「ヤマトタケル」の名前を捧げ、それから殺される。屈強で荒々しいクマソタケルが〈僕〉を使うのは、現代の感覚では何だかそぐわないが、この〈僕〉は服従のサインなのである。〈僕〉を使うことで、自分の方が下であることを認め、ヲウスを称えたうえで、その手にかかって殺されるという流れになっている。

このように、〈僕〉は立場が下であるというサインなのだが、しかし、上位であるはずの兄が弟に対して〈僕〉を使う例もある。しかも二例。どんなケースだろうか。

一つは、有名な「海幸・山幸」伝説である。天皇の息子である二人の兄弟。兄が海での漁、弟が山での狩りを得意としている。二人は道具を交換するが、弟は兄の釣り針を無くしてしまう。執拗《しつよう》に責める兄に対し、弟は海の神を味方につけて釣り針を発見。しかし兄はその後も弟に対する攻撃を止《や》めない。弟は再び海の神の助けを借り、兄を苦しめる。最後に兄が「僕はこれ以後、あなたの守護人になります」と言って降参する。

もう一例では、天皇の嫡子の兄弟が腹違いの庶子を殺しに出かけるが、兄は勇気がなくて殺すことができない。弟が敵を殺したのを見て、兄が「今後あなたが上となり、天地を治めてください。僕はあなたの守り人として仕えます」と言うのである。

立場が上である兄は、弟に対して普通は〈僕〉を使わない。そんな兄がわざわざ〈僕〉を使うことで、弟への屈服が強く印象づけられる。両方とも、この屈服により、弟の皇位継承を兄が認めるという意味がある。このようにして、兄が口にする〈僕〉は、弟の皇位継承の正統性の証なのである。きわめて政治的な意味を持つ〈僕〉の用法だと言えよう。

このように、『古事記』で使われる〈僕〉は、『古事記』の物語の流れに沿って、立場の上下を明確に示すのに使われている。『古事記』はそもそも、物語を通じて、天皇家の支配の正統性を訴えることを目的として書かれているのだから、〈僕〉を使うことによって、

「誰が支配すべきか」を示しているとも言える。

通読してみるとわかるが、現代人の感覚から見ると『古事記』は、実に荒々しい戦いや駆け引き、陰謀が渦巻く国造りのドラマである。その中で使われる〈僕〉は、対等の関係で使われることが多い現代の〈僕〉とはまったく異なっており、むしろ「支配する—される」関係を浮き彫りにする、生々しい印象を与える言葉となっている。

ちなみに、『古事記』に二例ある女性の〈僕〉はいずれも、天皇や后《きさき》に仕える女性である。女性の謙譲語としては〈妾〉や〈婢〉などの字が使われる方が一般的であり、『日本書紀』でもそうなっているのだが、ここで〈僕〉が使われている理由はよくわからない。

『日本書紀』の〈僕〉

それでは、『古事記』に八年遅れて養老四（七二〇）年に完成したと言われる歴史書『日本書紀』はどうか。

『日本書紀』にも〈僕〉は登場するが、『古事記』よりも少ない。〈僕〉を使う登場人物は合計一三人と『古事記』の約半分にすぎない。全員男性であり、動物もいない。『日本書紀』は『古事記』の三倍以上の長さがあるので、登場の頻度としても、はるかに『古事記』より少なくなっている。また使われ方も、〈臣〉など他にもいくつかある謙譲語の単なる一つであり、『古事記』のように生々しい場面で使われる印象はない。どうしてこのような違いが出てくるのだろうか。
『古事記』と『日本書紀』はほぼ同時期に大和朝廷の役人によって編纂されており、『日本書紀』の前半では、神話など『古事記』とほぼ同一の内容も多く扱っている。当時はまだ仮名が誕生しておらず、両書とも全文漢字を使って書かれているが、文体は『古事記』が日本語の語順にやや近いのに対し、『日本書紀』は中国式の漢文となっている。
また、すでに書いたように、『古事記』には物語を通じて皇室の支配の正統性を訴える、政治的な思惑が強く感じられる。それに対し、『日本書紀』は、『古事記』と同じ物語でも、本文のほかに「一書」として異伝などを多く収録するなど、物語の一貫性を損なっても、当時伝わっている伝承をデータとして後世に伝える意図が感じられる内容となっている。[*2]
このような違いから、『日本書紀』は国の威信をかけ、「国際標準」の、ある程度「客観的」な歴史書を目指して編纂されたのではないかと言われる。もちろん『日本書紀』も結局は皇室の支配の正統性を訴えるものには違いないのだが、そのポイントは「これだけ内容や形式の整った歴史書を編纂できる政権である」という威信を内外に示すところにあるというわけだ。このような違いが、両書における〈僕〉の用法にも表れているのではないかと思われる。

例えば、国つ神（『日本書紀』の表記は「国津神」）の代表であるオホクニヌシがアマテラスの子孫である天つ神（天津神）に地上（葦原中国）の支配権を譲り渡す「国譲り」は、天皇家の支配の正統性を示す重要なエピソードであり、『古事記』『日本書紀』の両方に描かれているが、そのニュアンスはかなり異なっている。

政治学者の原武史の指摘[*3]によれば、『古事記』ではオホクニヌシが「この葦原中国は、仰せのとおり、ことごとく献上いたしましょう。ただ僕の住む所は、天津神の御子が皇位をお継ぎになるりっぱな宮殿のように（中略）お造り下さるならば、僕は（中略）遠い場所に隠退しておりましょう」と言って素直に国を譲ったのに対し、『日本書紀』の「一書」では、オホクニヌシは使者となった二柱の神の言うことを「疑わしい」とし、また地上の支配権を譲る代わりに目に見えない世界の支配権を要求するなど、強い態度で高天原側との交渉に臨んでいる。

『日本書紀』でのオホクニヌシがこの場面で使っているのは〈吾〉である。『古事記』では〈僕〉を使うことでオホクニヌシがうやうやしく天つ神の支配権を認めた印象を強めているのに対し、『日本書紀』では〈吾〉を使うことで、オホクニヌシと天津神が対等であったという印象を残す。自称詞の選択の違いが、『古事記』と『日本書紀』の歴史書としての性格の違いや、表現されている歴史観の違いにまで結びついているのだ。

中国から来た〈僕〉

〈僕〉は、もともと中国で使われていた自称詞である。

『古事記』と『日本書紀』は天皇の命令で朝廷の役人が編纂したものだが、当時の役人たちは中国の文献に親しんでいた。中国の文明は当時の日本から見て圧倒的に先進的であり、日本は中国をお手本にした国造りに励んでいた。歴史書を編纂しようという発想自体、中国の伝統を模倣した面が大きい。中国では司馬遷が『史記』を編纂したのを皮切りに、多くの歴史書が編纂され、日本にも伝わってきていた。

『日本書紀』の編纂では『史記』や『漢書』『後漢書』『三国志』といった歴史書や、優れた詩や文章などの選集である『文選』などが参考となったことがわかっている。[*4]『日本書紀』にはこれらの文献から直接文章を借りた部分も多く発見されている。『古事記』は文章が日本式なので、直接文章を借りた部分は少ないが、編纂者の太安万侶《おおのやすまろ》も『日本書紀』の編纂者と同時代の役人なので、これらの本に親しんでいたことは間違いない。〈僕〉はこうした中国の文献に使われていた言葉であり、それを真似て『古事記』や『日本書紀』に入れられたものなのである。

〈僕〉は本来、奴僕の意味であり、その実態はいわゆる奴隷から単なる使用人まで幅広いが、人に使われる立場を表す字である。これが謙譲の意味の自称詞としても使われるようになった。似た意味で漢文で使われる字に〈臣〉がある。今では「大臣」など地位が高いイメージもあるが、もともとは奴隷のような者をも指した。

漢文ではほかに〈予〉〈余〉〈吾〉〈我〉などの自称詞が用いられ、これらはすべて日本の漢文でも自称詞として使われた。

『史記』の著者・司馬遷（紀元前一四五ないし一三五？—紀元前八七ないし八六）は秀才として知られ、漢の武帝のもとで歴史を編纂する太史公の位に就いていた。しかし、異民族・匈奴《きょうど》に投降した将軍・李陵《りりょう》をかばったことから武帝の怒りを買い、男性器を切除する宮刑に処された。遷にとって大変な屈辱だった。のち許されて皇帝の側近である中書令に任命されたが、通常宦官《かんがん》が就く役だったため、彼をいっそう傷つけたという。

そんな中、遷は父の遺言でもあった『史記』の執筆に打ちこむ。その頃、友人である任安から、「今の君は、高い地位にありながら、有能な人物を推挙していない」という批判の手紙が届いた。かつて受難前の司馬遷は、李陵の擁護にも見られるように、活発に発言する人物であった。そんな遷がすっかり息を潜めているのを批判したのだった。

それに対し司馬遷は長文の返信を書いて、自らの心中を打ち明けた。この「任少卿《じんしょうけい》への返書」は『文選』『漢書』に収録されており、古典の一部となった。この手紙では、自称詞は〈僕〉だけが使われている。

「今、朝廷に人材がいかに乏しくても、どうして刀鋸の刑を受けたものに天下の豪傑俊秀を推薦させるでしょうか。（中略）今すでに不具の身となり掃除に従う奴隷として、賤《いや》しくけがれた境にありながら、首をあげ眉をそびやかして是非を論列しようとするならば、それこそ朝廷を軽んじ、当世の士をはずかしめるものではないでしょうか。ああ、ああ、僕ごときもの、なお何を言うことがありましょうぞ」[*5]。遷は宮刑を受けた屈辱を強くにじませながら、今の自分に人物を推挙する資格はないという考えを述べたのだった。

当時、位の高い人物は、刑の屈辱を受ける前に自殺することも多かった。しかし遷は死ななかった。遷は書く。「どうしてみずから縲紲《なわめ》を受ける辱めに沈み溺れても生きながらえようといたしましょうぞ」。どうして死ななかったのだろうか。

それは、『史記』の完成という目標があるからなのである。「隠忍して生きながらえ、糞土のなかにまみれて生きることを辞さない所以は、自分の心の中を言いつくしていないことのあるのが心のこりであり、このまま死んで、文章著述が後世に顕《あらわ》れないことを恥じるからであります。（中略）僕、もしこの著述を完成することができ、（中略）また僕の志を理解してくれる人にこれを伝え、天下の邑や大都に流通させることができたなら、僕は今までの辱めの責めを償うことができるわけで、かならず刑死するとも、何の悔いがありましょうぞ」。こうして遷は友人任安に『史記』の完成に賭ける強い思いを訴えたのだった。

司馬遷がここで書いた目標は本人の予想を遥かに超える規模で実現した。『史記』はその後、中国で歴史書の代名詞となり、その後書かれる様々な書に大きな影響を与え、古典として今なお読み継がれている。日本など近隣諸国に与えた影響も巨大なもので、例えば日本の戦後を代表する人気作家の一人が、ペンネームとして「司馬」姓を名乗っていたのは、そのほんの一端にすぎない。『史記』は中国・東アジアを超えて、世界中に読者がおり、今では人類共通の知的遺産として認められている。

八世紀当時の大和朝廷で『古事記』『日本書紀』の編纂に携わっていた役人たちも、間違いなく司馬遷の書簡を読んでいたはずである。彼らはどう感じただろうか。歴史書の編纂に人生を賭けた偉大な先人の情熱に、仕事への情熱を振るい起こされることもあったのではないだろうか。

彼らの思いは記録に残っていない。だが、『古事記』や『日本書紀』にちりばめられたわずかな〈僕〉に、その残響を聞くことができるかもしれない。

〈僕〉の二つの意味合い

『文選』や『漢書』で使われていた〈僕〉には二つの意味合いが感じられる。

一つは謙譲の意味である。『文選』の賦（長文の叙事詩）では対話の際に〈僕〉が使われていることがあり、相手は王侯など身分が高い人物であることも多い。また、相手の話を聞き、自分の否を悟った人物が〈僕〉を使った例もある。これらは〈僕〉を使うことで自分の立場を低くし、相手への敬意を表していると考えられる。

先に引用した司馬遷の「任少卿への返書」で使われた〈僕〉にも、謙譲の意味が感じられる。司馬遷はこの手紙で宮刑を受けた自分を盛んに卑下しているから、そこで使われる〈僕〉には自ずと自らを低くする響きが備わっている。

〈僕〉という字が従僕、下僕など人に使われる者を表していることから考えても、これがこの言葉のもともとの意味に沿った用法であることは間違いないだろう。

しかし、その一方で、〈僕〉という言葉にはもう一つの意味合いが感じられる。それは文人としての自意識であり、それを話し相手と共有する仲間意識である。

例えば『文選』『漢書』に収録されている文人・司馬相如《しばしょうじょ》の「子虚賦」は、「子虚」「烏有先生」「亡是公」という三人が話をしている場面から始まるが、この三人の名前はいずれも「実在しない」という意味であり、一種の言葉遊びである。またこの三人に特に上下関係はないようだ。そうした場で子虚が使う〈僕〉には、謙譲というよりは、文人どうしの知的で気楽な座談の雰囲気、そこに漂う仲間意識が感じられる。

また、『文選』に収録された文人・播安仁（二四七―三〇〇）の「秋興賦並序」には、「僕野人也」という印象深い一文がある。僕は田舎者である、と言い切っているのだが、播安仁は実際には極めて洗練された貴公子然とした人物であったという。ここまで来ると謙譲もいささか嫌みに感じられなくもない。〈僕〉という自称詞が、基本的には謙譲の意味でありながら、そこに強い文人としての自負や気取りがあることがよくわかる例だ。播安仁には他にも〈僕〉を使った作品が多い。

そのような目で、先ほどの司馬遷の手紙を読み返してみよう。すると、そこにはやはりただの謙譲には収まらない、強い自意識が脈打っていることがわかる。この手紙は、何よりも一種の文学的な告白なのである。「どうして自分が生き続け、書かなければならないのか」という理由を打ち明ける、極めて特別な書簡なのだ。

司馬遷は「これは智者に向ってこそ言えるのであって、俗人に言っても通じがたいことであります」と書いている。受け手の任安を自分を理解できる仲間として信頼し、だからこそ自分の心中を打ち明けるのだというのである。

ここで使われる〈僕〉。それは、単なる謙譲を超え、教養や文人としての誇りを示す言葉である。そして、その〈僕〉を使うことで、文人としての誇りを共有する仲間に対する呼びかけの意図をも感じさせる。

同じ手紙で司馬遷は書いている。「文章・歴史・天文・暦学を掌《つかさど》る者はいわば卜祝《うらない》のたぐいに近く、もとより主上（＝皇帝）の玩弄《もてあそび》ものであり、俳優同様にやしなわれ、世俗から軽んじられている者であります」。知識人の地位は低い。政治権力に翻弄され、時に命さえ奪われる。司馬遷は宮刑を受けたが、任安もこのとき獄中にあり、後には武帝により処刑される運命にあった。

しかし、その著述は時代を超えて読み継がれていく。「人はみなそれぞれ心に鬱結するものがあり、それを通じる道を得ないがゆえに、過去のことを述べ、未来に思いをはせ、わが志を知らせようとするのであります」

世間から軽んじられる文人であることを引き受け、謙譲語の〈僕〉を使うことで、かえってそこに高いプライドがあることを感じさせる逆説がそこにはある。その秘めた志を、理解できる仲間にのみ打ち明ける。志を共有する仲間への呼びかけに用いられる連帯の挨拶こそが〈僕〉なのであった。

こうした〈僕〉の使用にはかなりの広がりがあり、例えば三国志で有名な曹操の息子で魏の文帝（曹丕）の弟である曹植の手紙にも用例がある[*6]。この手紙は父・曹操の部下であった楊脩《ようしゅう》に宛てたもので、様々な人物の文章の良しあしを論じる内容であった。楊脩は曹植より二〇歳近く年上ではあったが、貴人である曹植の〈僕〉にそれほどの謙譲の意味はありそうにない。主に文人どうしの仲間意識から使ったものであることは明らかだろう。

ちなみに楊脩は後に曹植を皇太子にしようと画策して失敗、刑死したという。

このように、『古事記』『日本書紀』の編纂者たちが読んだ中国古典で使われていた〈僕〉には、1．謙譲、2．文人としての誇りや仲間意識　という二つの意味合いがあったと考えられるのである。

しかし、『古事記』『日本書紀』を見る限りでは、当時の大和朝廷の役人たちが使ったのは、前者、つまり謙譲の意味合いの〈僕〉だけであったようだ。その用法に、文人としての誇りや仲間意識を見ることはできない。特に、『古事記』の場合には権力関係を明示するという、やや特殊な謙譲の用法になっていることはすでに見た通りだ。

おそらく、まだ早かったのだ。朝廷に役人として仕える文人たちが中国の文人たちと知識人としての誇りを共有するには。彼らの力はあまりにも弱く、その地位は権力者に依存していた。そして人数も少なかっただろう。彼ら自身の世界を作ることができなかった。あるいは彼らどうしの書簡などでは〈僕〉が使われていたのかもしれないが、この時代の書簡は残っていない。

この列島で〈僕〉を使う文人たちの間に友情の花が開くには、それから千年近い時が必要であった。

中世の欠落

平安時代から以降、江戸時代に入るまで、〈僕〉の用例は極めて少ない。平安時代、一〇世紀の公家の日記である『九条殿記』（藤原師輔著）と、藤原道長の時代、一〇世紀から一一世紀にかけての公家の日記である『小右記』（藤原実資著）とにはそれぞれ数例ずつ、用例がある。この時代の公家日記は、当時の公家の重要な職務であった様々な儀式をどのように執り行ったかを詳しく書き、子孫の参考にする役割があった。これらの日記では、儀式の中で自分が何をしたかを描写する場面で〈僕〉が何回か登場する。いずれにしても、膨大な日記の中で〈僕〉が登場するのはほんの数回であり、また用法にも特別な意味は感じられない。これらの日記には漢文でより一般的な一人称である〈予〉〈余〉〈吾〉などが多く使われている。特定の箇所でどうして〈僕〉を使ったのか、特に説明できる理由はなかったように思える。

その後、実に江戸時代に入るまで、筆者は〈僕〉の用例を見つけることができなかった。有名な日記や書簡集などには目を通したが、一つも見あたらなかった。

当然見落としはあるだろう。当時も数え切れないほど多くの人が日記や手紙を書き残していることを思えば、むしろ、確実に〈僕〉の用例はあると思われる。ただ、多くなかったことは確かだろう。

この時代は、武士が台頭《たいとう》し、支配権を手にした時代であった。後に「中世」と呼ばれるこの時代には、いきおい実力本位の価値観が優位を占めていた。

筆者は戦国武将の書簡を扱った本も目につき次第チェックしたが、そうした書簡は軍の運用や人付き合いに関する指示、情報交換などが主な内容で、極めて実際的である。

それは当然のことで、戦闘に勝たなければ明日の命がない武将たちに、自意識を弄《もてあそ》んでいる余裕があったはずがない。個人としては極めて教養のある武将もいたが、そういう問題ではない。彼らには、〈予〉などで用が足りるところでわざわざ〈僕〉を使う動機がなかったのだ。古典漢文の教養がある武士がいたとしても、そこで用いられている〈僕〉を自分が使う理由が、彼らにはなかった。

この時代は思想の世界では仏教が優位を占めていた。明日をも知れぬ戦乱の日々、繰り返し起こる飢饉や疫病。命のはかなさを思い知らされた人々は、救いを求め、彼岸に思いをはせた。上は公方《くぼう》（将軍）や名のある武将、みかど（天皇）、貴族たちから下は名もない庶民まで、仏教を信奉し、来世での幸福を願った。

そのような時代に、現世での倫理や社会秩序のあり方に焦点を当てた儒学の影響力は限られていた。禅などと結びついた教養として公家や僧などが学んでいたが、広がりはなかった。〈僕〉は中国の教養ある文人たちの一人称であり、彼らの知的背景は基本的に儒学なので、それも日本の中世における〈僕〉の使用が限られていた理由の一つではないかと考えられる。

〈僕〉が使われ始めた元禄時代

〈僕〉の使用例が再び見られるようになるのは、江戸時代に入って百年弱が経過した元禄時代（一六八八―一七〇四）の前後である。元禄時代とはどんな時代だったのだろうか。

江戸時代は二六〇年に及ぶ泰平の時代として知られるが、それは徳川氏による軍事的な勝利の結果であった。慶長五（一六〇〇）年、徳川家康は関ヶ原の戦いで勝利。慶長一五（一六一五）年には豊臣氏が滅亡し、徳川氏の天下は揺るぎないものとなった。

しかし、それは今から見ればの話で、戦乱の世が完全に終わったと当時の人々が確信していたわけではなかった。機会があればひっくり返してやろうと思っていた人たちもいたし、徳川氏自身、警戒を解かなかった。大名を厳しく統制し、理由をつけては多くの大名を取り潰したり、領地替えを命じたりした。そうしたことから多くの浪人が発生し、不満を抱えた彼らがまた、泰平への不安要因となった。

そんな不安定な時代に生きる武士たちは、戦国時代の名残を残していた。気が荒い暴力的な者も多く、使用人を斬り殺したり、町で辻斬りを働いたりする者も珍しくなかった。

例えば三代目の公方（将軍）徳川家光の弟・忠長は乱行で知られ、多くの家臣や奉公人を斬り殺しているほか、江戸の町で辻斬り（街路などで人を斬りつけること。一種の通り魔殺人と言える）をしているとの噂まであった。それはどうやら事実だったらしく、当時江戸では「辻斬りはその場で斬り殺さないで捕らえるように」という法度が出ていたという。[*7]忠長には自分が公方になれなかった不満があったが、周囲の人たちの恐怖感は相当なものだったに違いない。

時代劇のヒーロー・水戸黄門として有名な徳川光圀《とくがわみつくに》（一六二八—一七〇一）も若い頃、意味もなく人を殺したことがあった。浅草の寺のお堂の下で寝ていた非人を引きずりだして斬ったのである。気が進まなかったが、友人に臆病者と言われ、引っ込みがつかなかったのだという。[*8]また、隠居後には重臣を刺殺する事件を起こしている。何かの事情があったらしいが、詳細は不明である。

学問好きの名君とうたわれた光圀にして、こうであった。江戸時代初期の武士たちの荒々しさは、現代人の理解を超えている。

しかし、江戸時代に入って二—三世代が過ぎ、戦国時代が遠い過去となると、社会の雰囲気は大きく変わってきた。もはや戦乱の世に戻ることはないと多くの人が気づき、天下泰平を謳歌し始める。今日と同じ日々が明日以降も続くことを前提に、現世に目を向けるようになる。経済が発展し、生活に余裕が出てきたことも、学問や文化の普及を促した。武士は元来、学問を軽視していたが、泰平の世では武士の仕事は戦闘から統治・行政に変わり、読み書きや計算が必須になっていた。

学問や文化を奨励する大名もちらほらと現れる。徳川光圀はその代表であった。歴史書『大日本史』の編纂に乗り出し、優れた学者たちを抱え、また育成した。『大日本史』編纂は江戸時代を通しての大事業となり、やがて水戸は学問・思想の一大中心地に。天皇を日本の歴史の中心に据えた歴史学・思想である「水戸学」は、その後の歴史に計り知れない影響を与えることになる。

こうした中で、思想の世界では徐々に儒学の存在感が大きくなってきた。思想史家の渡辺浩が強調するように[*9]、儒学は当時の日本の社会とは食い違いが大きかった。中国や朝鮮と違い、為政者に統治イデオロギーとして用いられることもなかった。儒学者・中江藤樹は当時の風潮を「一般に、学問は武士のすることではない、学問好きの人はぬるくて武士の仕事の役に立たないなどと言われ、学問をするとかえってそしられたものだ[*10]」と書いている。

しかし、そうした中でも、隣国の先進文明への憧れからか、儒学を学ぶ者が徐々に増え、またその社会的地位も少しずつ上がっていった。儒学は中国の社会・政治のバックボーンにある考え方なので、それを日本の社会や政治に応用したり、また儒学によって自分の生き方を律したいと考える人たちも出てきたのである。

そんな風潮を決定づけ、さらに促進したのが五代目公方・徳川綱吉（在位：一六八〇―一七〇九）であった。学問好きの彼は自ら儒学を熱心に学び、奨励した。現在湯島聖堂となっている孔子廟《こうしびょう》を湯島に建てたのも綱吉である。

綱吉は一般に人間よりも犬を大切にした「犬公方」として知られている。確かにエキセントリックな人物で、極端な面も多々あったが、彼の「生類憐れみの令」の目的は人々に仁心を育《はぐく》むことであるとされ、捨て子の保護など人命尊重の政策も多く打ち出した。綱吉は人を平気で斬り殺すような従来の武士のあり方を嫌い、泰平の世にふさわしい役割を模索していたのである。

そんな綱吉には、民の幸せを実現するのが統治者の役割だという儒学の考え方はすばらしいものと映った。もう戦争がないのだから、刀を振り回してもむなしい。武士には新しい役割が必要だった。儒学は、そんな時代の要請に答えるものだった。

元禄時代（一六八八―一七〇四）は綱吉の治世にすっぽりと含まれる。この時代は天変地異なども多かったのだが、経済が成長し、それまでの一日二食から一日三食が一般化したのも元禄時代だと言われる。

また、文化が花開き、井原西鶴、松尾芭蕉、近松門左衛門など現代でも作品が読まれる文人が活躍し、思想の世界でも儒学を中心に多くの学者が輩出した。こうした中で、〈僕〉という一人称が使われ始め、徐々に広がっていくのである。

初期の用例

元禄八（一六九五）年九月。仙台の儒者・遊佐木斎《ゆさぼくさい》は金沢の儒者・室鳩巣《むろきゅうそう》に書簡を送った。その前の月に鳩巣からもらった書簡への返事だった。その中で木斎は自分のそれまでの学問遍歴を振り返り、「師友（師匠と友人）」の大切さを語った。

「（儒教の）道を講ずるなら、師友は重いものです。だから、師友を得るためなら千里の道も遠くないのです。遠く旅をし、財産を使い果たしてでも、すばらしい師友を得ないことを恐れます。

今や僕は、（紹介者の）羽黒養潜のおかげで、（仙台に）いながらにしてあなたを得ました。その喜びは寝られないほどです。言葉を費やしすぎてうとましがられるとしても、自分の心情を吐露して、あなたに知られたいと思うのです。歳月は流れやすく、同志は得難いのですから」[*11]。

ここでは学問を通じての友情や同志関係への熱い期待がつづられ、木斎は鳩巣にそうした友情を共に育もうと呼びかけている。儒教が盛んになりつつあるとは言っても、真剣に学ぶ者はまだまだ少ない時代であった。まして木斎の故郷・仙台では儒教について共に語れる相手は少なかった。仙台と金沢は、交通機関が発達した現代でさえ、決して近いとは言えない。しかしどんなに遠くても、木斎は対話の相手が欲しかった。いささか前のめりの期待をここで表明するのも、彼にすれば無理はなかった。

木斎の書簡はかなりの長文だが、〈僕〉が用いられているのはここだけである。他では自称詞として〈好生〉〈某《それがし》〉などが使われている。どうしてここだけ、〈僕〉が用いられているのだろうか。

それは、まさにここでの話題が「師友」だからなのである。それを理解するには、もう少し引用部分を遡《さかのぼ》って読まなければならない。

木斎はこのように書いている。

古道では師友を重んじます。〔師友の関係は〕孔子一門の後、徐々に廃れ、唐代になって韓愈《かんゆ》が始めて唱えましたが、人に狂っていると言われました。かの柳宗元は敢《あ》えて「自分は師の資格がない」としました。程兄弟、朱子になって始めて師友の道が定まりました。我が国にはまだこれがないと言ってよいでしょう。

ここで語られているのは、中国の儒教における「師友」の歴史である。孔子と弟子の関係の後、学問を通じた師弟関係や友情は廃れた。その後、唐の文人・韓愈（韓退之、七六八—八二四）と柳宗元（七七三—八一九）のことが出てくる。ここは詳しい説明が必要だろう。

唐代の「師道論」

韓愈と柳宗元は唐代を代表する文人・詩人で、科挙に合格したエリート官僚でもあった。江戸時代に儒教の中心であったのは中国の宋の時代に成立した朱子学だが、漢詩文の世界では、李白・杜甫・白居易など錚々《そうそう》たる詩人が輩出した唐代が極めて人気が高く、彼らの文章や詩は熱心に読まれていた。中でも韓愈と柳宗元は「古文」と呼ばれる文章・思想の復古運動に取り組み、それが宋代の朱子学の先駆けとなったとされる。つまり、文学的のみならず、思想的にも重要な存在だったのである。当然、江戸時代の日本で漢籍を学ぶ人たちには熱心に読まれていた。

韓愈は「師説」という文章を著し[*12]、道を学ぶ上での師の重要さを説いた。彼によれば「道の存する所は、師の存する所」であり、学ぶ者にとって師は絶対必要なのである。それなのに、古《いにしえ》の「師道」は伝わらず、今では「師」や「弟子」を口にすれば人は群がり集まって笑う始末。韓愈はそんな風潮を嘆く。

なお、韓愈によれば、師とは年齢や身分を問わないし、また、師が必ず弟子より優れているのでもない。つまり、ここでの師は弟子に一方的に教える師匠に限られず、お互いに学び合う友人関係にも当てはまる幅を持っている。要するに韓愈は、広く学問を通じた関係や友情を論じ、その復活を主張しているのだと言えよう。

韓愈の「師説」は有名になり、良くも悪くも波紋を広げた。同時代の柳宗元は、韋中立という若者に弟子入りを申し込まれた。あるいは「師説」に影響を受けてそんな行動をとったのかもしれない。柳宗元はそれに返事を書いたが、その書簡も有名になり、後世繰り返し読まれることになった(「韋中立に与えて師道を論ずる書」[*13])。

その中で彼は、「僕には何の取り柄もなく、あなたの師になる資格はない」と書いている。「今の世では師というものはとんと聞いたことがありません。ひとり韓愈だけは後進の学徒を受け入れて『師説』を作ったが、世間に笑われ、狂人と言われて長安にいられなくなりました」。柳はそうした世間の指弾を避けたい気持ちをにじませ、韋中立の師になることを断っている。

韓愈と柳宗元の時代には、学問を通じた関係はそれほど怪しまれていたのである。当時の中国は大きな時代の転換点にあった。それ以前の中国は皇帝の下に有力な貴族がおり、朝廷に強い影響力を持っていた。科挙で選抜された官僚たちも有力貴族の引きがなければ出世できなかった。しかし唐代の中期頃から徐々にその勢力は衰え、官僚たちの力が強まっていく。

韓愈・柳宗元の時代には、まだ身分社会の性格が強かった。そうした社会では、身分を介さない人と人との関係が得体の知れない徒党に見えていたのかもしれない。あるいは、儒教の教養だけで結びついた人間関係に、貴族の特権を脅かす科挙官僚の台頭の危険性を感じ取っていたのだろうか。

元禄時代の〈僕〉は師道論へのオマージュ

遊佐木斎が室鳩巣への手紙で「韓愈が師友のことを唱えて狂人と言われ、柳宗元は敢えて『自分は師の資格がない』とした」と書いたのは、約千年前の中国における、以上の経緯を指していたのである。

ということは、柳宗元は学問における師友を否定したのだろうか。実はそうではなかった。引用部分より後の部分で柳宗元は書いている。

「もし僕があなたの年上で文人としてのキャリアもあるから行き来したいというなら、僕は、知り得たことは何でも伝えよう。あなたはその中から取捨選択してくれればいいのである。もしほかに得たものがあれば、告げてほしい。ともかく、しばしば来て、道を広めてほしい。要するに、あえて師を名乗らなくても、師の実質を取って名目を去ればよいのだ（大意をまとめたもの）」

このように柳宗元は、師匠と名乗らなくても交流を深め、文人としての韋中立の成長を助けたい気持ちを明らかにしたのである。名目よりも学問を通じた交流自体に「師友」の本質を見たのだとも言えようか。

韓愈の「師説」とそれに関する柳宗元の書簡は後世「師道論」と呼ばれ、遊佐木斎が書いたように、宋代に朱子学を打ち立てた程兄弟と朱子に受け継がれていくことになった。学問における師弟や友人関係が、数百年の時を経て、復活したのである。[*14]

そして、注目すべきは、ここまでの引用でわかるように柳宗元の書簡では、自称詞として繰り返し〈僕〉が用いられていたことである。

おわかりだろうか。遊佐木斎が室鳩巣宛の書簡で一か所だけ、当時あまり使われていなかった〈僕〉をわざわざ使ったのはなぜなのか。それは一種の引用なのである。学問を通じた交友に関する柳宗元の手紙にちなんだものであり、オマージュなのだ。〈僕〉を使うことで、当時いやしくも儒者を名乗る者ならば必ず読んでいるはずのこの手紙を読み手である鳩巣に想起させ、その精神に則った交友を持とうと呼びかけているのである。

しかし鳩巣は、木斎がこの書簡で行った友情の呼びかけにすぐに応えることはなかった。木斎が書簡を出したのは元禄八年九月だったが、鳩巣が返事を書いたのは翌元禄九年になってからのこと。内容も好意的なものではなく、当然〈僕〉を使うこともなかった。鳩巣は木斎の書簡を読み、彼が山崎闇斎《やまざきあんさい》の弟子であり、儒教と共に、日本の神道を重視する闇斎思想の信奉者であることを知った。それは純粋な儒者であろうとする鳩巣には受け入れがたいことであり、彼は木斎への返事で強い疑念を表明したのである。

しかし、そうした立場の違いもまた、友情の扉となった。木斎と鳩巣はその後、神道の評価を巡り、盛んに書簡を交わすことになる。立場の違いにもかかわらず、友情は少しずつ成長していき、やがては鳩巣も木斎宛の書簡で〈僕〉を用いるようになっていった。

元禄時代前後の〈僕〉の用法には、他にも「師道論」への言及が見られるものがある。儒学を学ぶ会津の村長であり商人でもあった東條方秀（一六三四─一六九六）が師である儒者・淵岡山《ふちこうざん》（中江藤樹の弟子、一六一八─一六八六）との問答を記録した「東條氏十八箇条問記」には、一か所だけ〈僕〉が登場する。[*15]

方秀の質問に対して岡山が「僕が師説に感じて思うに、（中略）先師（中江藤樹を指す）の学がわかりやすいもので、今幸いに泰平の時代に生まれたので、その教えを学び、友人と議論できるのは実にうれしいことだ」と回答しているのだ。[*16] この問答の時期は特定できないが、岡山の没年から、元禄時代の直前の数年の間と推定される。

ここでも問答の話題は「師と友」であり、「師説」というのは韓愈の「師説」にとどまらず唐代の「師道論」全般を指しているのだろう。岡山も木斎同様、「師道論」を意識して〈僕〉を使っていると思われる。

身分制度の桎梏を離れた友情を表す〈僕〉

このように、元禄時代の前後に〈僕〉を使い始めた儒者たちは、唐代の「師道論」を意識し、それへのオマージュとして〈僕〉を使ったのではないかと推測される。唐中期は中国史の転換期で、貴族制が徐々に廃れ、科挙官僚の力が強まりつつあった。韓愈・柳宗元はその代表選手であり、学問を通じた「師友」の意義を論じる「師道論」はそうした時代のあり方と結びついていた。

元禄時代の前後に〈僕〉を使い始めた儒者たちも、身分制度の桎梏《しっこく》を離れ、学問への志を共有する仲間と対等の立場で学問の議論をしたいと願ったのである。当時は厳しい身分社会であった。武士とそれ以外の農工商の庶民の間だけでなく、武士の間にも身分による格差は大きく、相手の身分を常に意識して言葉遣いも変えなければならなかった。また、すでに書いたように、武士の間には戦国の気風も残り、学問や文化を不要のものとする意識も強かった。

　そうした中で、隣の大国中国の思想である儒学を学び、それを通じて対話を交わし、友情を結ぶことは、どのように感じられただろうか。俗世間からは不要視され、しかし自分たちだけはその価値が理解できる高尚な議論を、難解な漢文を駆使して交わすということ。さらにその議論を通じ、遠隔地にいる、境遇の異なる相手と友情を育むこと。

　それは、他では成立しがたい、極めて純粋で貴重な人とのつながりに感じられたに違いない。そうした自分たちの立場は、千年前に世間の無理解に対抗して「師友」の大切さを説いた韓愈や柳宗元と似たものに感じられた。だからこそ、彼らはその部分だけ〈僕〉を使って連帯の気持ちを表現し、手紙の受け手にも呼びかけたのである。

　なお、当時〈僕〉が使われ始めた背景として、一六四四年の明の滅亡に伴う知識人の亡命を挙げる説もある。ハワイ大学教授のれいのるず秋葉かつえによれば、日本に亡命した儒学者・朱舜水《しゅしゅんすい》（一六〇〇—一六八二）が日本の知識人と交わした漢文の書簡に〈僕〉を使ったものがあり、日本人から朱舜水への返信でも〈僕〉が使われているという。[*17]当時日本に亡命した中国の知識人は朱舜水だけではなく、彼らが日本の儒学研究に大きな影響を与えた。そうしたことも一つのきっかけとなり、中国の儒学の伝統の中にある「学問を通じた友情」への関心が高まったのかもしれない。

広がる〈僕〉使用

「師道論」へのオマージュとして使われ始めた〈僕〉は徐々に一般化し、特に「師道論」を明確に意識しなくても、学問を通じた師弟・友人の絆《きずな》を表すものとして広まっていったようである。一八—一九世紀を通じて、用例は年を追うごとに増えていく。当初こそ儒者が中心だったが、そもそも江戸時代の武士・上層庶民の教育が儒学を基礎教養とするものだったため、分野を問わず、学問を通じた交流の場で〈僕〉が使われるようになる。例えば国学の大成者・本居宣長（一七三〇—一八〇一）の書簡には〈僕〉の用例が多く、また俳人・画家の与謝蕪村（一七一六—一七八四）の書簡にも用例がある。

こうした〈僕〉の普及は、江戸時代の教育の拡大と相まったものでもあった。江戸時代初めには武士の多くが学問に拒否感を感じるほどであったが、徐々に子供の頃から漢籍を学ぶことが武士の教育として定着していく。当初は私塾中心であったが、各領分（藩）が藩士子弟の教育施設（いわゆる「藩校」）を整備する動きが年を追うごとに盛んになった（もっとも、藩校の多くは一九世紀に入ってからの開校であった）。

江戸時代の身分制度は強固なものであったが、藩校教育の多くは人材登用とも結びついており、学問によって身を立てる可能性も広がり始めていた。儒学教育を基礎としながら、国学、蘭学などの様々な学問や俳句・短歌、絵画、小説、能、芝居、音楽、茶道などの文化も広がり、武士だけでなく、富裕な商人や農村の指導層など庶民上層も含めて、学問・文化の華が咲くようになる。〈僕〉はこうした教育を受けた人々の身分を超越した交流の場で使われる自称詞（ただし男性のみ）として広がっていった。江戸時代に武士の人口比率は一割以下なので、人口全体で見ればマイナーな自称詞であるが、武士の間や学問・文化の場では、幕末の時点ではかなり一般的になっていたと見られる。

なお、古代に用いられていた〈僕〉が「ぼく」と読まれていなかったのに対し、江戸時代に再登場した〈僕〉は「ぼく」と読まれ、また会話でも用いられていくことになった。

既述のように、古代の〈僕〉は和語の自称詞に漢語の自称詞を当てて書いたものであり、表現されているのはあくまでも和語であった。しかし、江戸時代の〈僕〉は儒学の「師道論」の精神に則ったもので、いわば漢語の引用なのである。だから漢語として音読みされることになるわけだ。現代の日本で、アメリカの影響で次々とカタカナ外来語が増えていくように、江戸時代の日本では儒学を中心とした中国文化の影響で、日本語の中に漢語が徐々に浸透していく傾向があった。〈僕〉もそうした単語の一つと考えてもいいだろう。

この音読みされる〈僕〉こそが、現代日本語の〈僕〉と直接につながるものであることは言うまでもない。

渡辺崋山の〈僕〉

本書はこの後、幕末の吉田松陰と弟子たちを取り上げていくが、その前に、身分秩序を超えたネットワークによって変革を志向した松陰の「先輩」として、渡辺崋山《わたなべかざん》（一七九三―一八四二）について触れてみたい。

「蛮社の獄」で罪に問われ、その翌年に追いつめられて自決した画家・文人の渡辺崋山は、この時代の江戸で学問・文化を通じた交流の中心にいた人物である。崋山は一万二千石の譜代大名で現在の愛知県田原市を領分とする三宅家の家老であったが、江戸屋敷詰めの家系で、生粋の江戸っ子であった。代表作「鷹見泉石像」は国宝に指定されており、江戸末期を代表する画家として、ゆるぎない評価を得ている。崋山は当時においても当代一流の画家・知識人と目されていた。

文政一〇（一八二七）年、三宅家の第九代当主康明《やすてる》が跡継ぎなく病死した。崋山は右腕の真木定前《まきさだちか》と康明の弟・友信を次代領主に擁立しようとするが、失敗した。当時の田原領はあまりにも貧しかったため、豊かな譜代大名・酒井家から持参金付きの養子を入れようという意見が勝ちを占めたのである。こうして酒井家の六男・稲若が、新領主・三宅康直となった。

領主になれず若くして隠居に追い込まれた友信だったが、崋山は友信の関心を蘭学に向けさせ、その豊富な財力で蘭書を大量に購入させた。そしてそれを蘭学者である高野長英や小関三英に翻訳させ、外国の最新知識を吸収した。

崋山の公式の立場は一万二千石の小領分（藩）の江戸家老にすぎなかったが、もともと江戸育ちで旗本の子弟と多く友人関係にあったのに加え、画家・文人・外国事情通としての名声や専門知識を生かして様々な分野の人々と広く交流し、情報交換をした。その中には公儀（幕府）の中枢に近い人々も多く含まれており、崋山は公儀の政策や、江戸城大奥の中の出来事まで知っていたという。

崋山は若い頃から西洋のことに興味を持ち、好意的な感情を抱くようになった。そして公儀の鎖国政策に疑問を持ち、小冊子を作ったり、提言をまとめて、政策転換を促そうと運動を始めたのである。これが鎖国を体制維持のため変えることのできない「祖法」と考える老中・水野忠邦やその部下・鳥居耀蔵らによって弾圧されたのが「蛮社の獄」であるとされる。[*18] もともとその任にない人間が政策を論じること（処士横議）自体が江戸時代の身分秩序のもとにおいては許されないことであり、崋山の行為はタブーへの挑戦という面があった。

崋山の書簡は現在二七〇本余りが残っているが、うち〈僕〉が用いられているのは三〇本（約一一％）にすぎず、またその対象は九人＋一グループ（四人）と限られている。そのほとんどは崋山の画弟子と真木定前をはじめとする田原領の後輩である。[*19]

絵の一番弟子である椿椿山は〈僕〉を用いた書簡のうち一〇本を受け取った。その書簡では技術だけでなく精神にまで踏み込んだ画論を展開するとともに、人生観をも披露。「中国やインドであっても絵さえ描ければ生活できる」など絵に強い自信を見せる一方、「家老としての職務などのため、絵に専念できなかった」と悔いを吐露するなど、他には見せない本音を明かしている。

一方、七本を受け取った真木定前は大酒の欠点はあったものの、実直一途な人物であった。崋山の書簡は深い信頼の一方「呑《の》みすぎるな」と真木をたしなめるなど、親愛の情のこもったものであった。

崋山と真木は三宅友信擁立で敗れたが、その後友信の息子を現領主・康直の娘と結婚させて養子として次代領主とするというプランを推し進め、康直に呑ませた。そのとき、崋山が真木に宛てた書簡では、「主君に私心がある時は臣たる者はただ従ってはいけない。もし後に、主君が別の考えを持ったら、直ちに『事を遂げる』ことまで計画しておくのが臣の道である」とあった。「事を遂げる」とは諫死《かんし》を意味していると思われる。崋山は、康直が心変わりをしたら、康直を諫《いさ》めて自決しなければならない、それが臣の道だ、と真木に伝えたのである。

崋山が天保一二（一八四二）年に自決したとき、康直には息子が生まれ、約束を反故《ほご》にして息子に後を継がせようとしているとの噂があった。政治的に追い込まれて自決した崋山は、真木を巻き込むことを恐れてか、真木宛の遺書を遺さなかったが、真木が必ず見たはずの息子・渡辺立宛の遺書の末尾には、ひときわ大きな字で「餓死《うえじぬ》るとも二君に仕ふべからず」と書かれていた。「餓死しても二君につかえてはならない」。それは、命をかけてもともとの三宅家の血筋への忠誠を貫くよう求めるメッセージであった。[*20]

真木はそれから康直に約束を守るよう諫言したが、聞き入れようとしないため、康直宛に諫めの書状を遺して切腹した。崋山の死の三年後のことであった。崋山の生前の指示に従ったかのような死にざまであった。真木の鮮血が飛び散った書状を受け取った康直は息子に後を継がせることをあきらめた。約束は守られ、友信の息子が田原領最後の領主となった。真木は最後まで崋山との信義に殉じた人物であった。

このように崋山は、学問・芸術を通じて、広く身分を超えた交流を築いた一方、その中でもごく限られた腹心の相手と、〈僕〉を用いた書簡で深いレベルの交流を持っていた。身分社会の桎梏がいかに強いものだったか、だからこそ、その中で個人的な強い信頼関係を持ちたいという切ない願いが表れているように感じられるのである。

崋山の受難は、家に出入りしていた青年に、鎖国政策を批判する小冊子をそれとなく見せたところ、彼が鳥居耀蔵のスパイだったことによるものだった。また、田原に蟄居《ちっきょ》して二年足らずで切腹に追い込まれたのは、生活のためもあって、人に頼まれるままに絵を描いて売っていたのをとがめられたためである。崋山は「自分は人を愛し、頼まれたら断ることができない。こんな災いを招いたのもそのためだ」という言葉を残している。自決の直前、崋山は「僕は裏庭に咲く目立たない花だ」と後輩宛の書簡に書いているが、峻厳な公儀の体制に対して、崋山が重んじた友情や信頼はいかにも弱々しいものに見えた。

しかし、実際はそうではなかった。真木の諫死は、自称詞〈僕〉で表される友愛の絆が、当時、人を命がけの行動へと動かす力を持つようになっていたことを示している。その力が領主・康直を打ちのめし、息子を跡継ぎにすることを断念させたのだった。

崋山と真木の死から三〇年を経ずして、崋山が志した開国がきっかけになり、身分や立場を超えた処士横議の果てに、強大なはずの公儀はもろくも崩壊していく。自身は知る由もなかったが、崋山こそその先駆けだったのである。

＊1　中村啓信訳註『新版　古事記　現代語訳付き』（角川ソフィア文庫、二〇〇九）
＊2　『日本書紀』㈤（岩波文庫、一九九五）の解説より。
＊3　原武史著『出雲という思想』（講談社学芸文庫、二〇〇一）

＊4　『日本書紀』㈤（岩波文庫、一九九五）の解説より。
＊5　以下日本語訳は『漢書　5　列伝2』（ちくま学芸文庫、一九九八）の「司馬遷伝」による。
＊6　竹田晃著『文選　文章編　中』（明治書院　新釈漢文大系〈83〉、一九九八）
＊7　山本博文著『宮廷政治　江戸城における細川家の生き残り戦略』（角川新書、二〇二一）
＊8　『義公叢書』（早川活版所、一九〇九）所収「井上玄桐筆記」（国会図書館デジタルコレクション）
＊9　渡辺浩著『近世日本社会と宋学　増補新装版』（東大出版会、二〇一〇）
＊10　中江藤樹著『翁問答』（『日本思想体系29　中江藤樹』（岩波書店、一九七四）所収）
＊11　日本思想大系34『貝原益軒　室鳩巣』（岩波書店、一九七〇）
＊12　星川清孝著『新釈漢文大系第70巻　唐宋八大家文読本（一）』（明治書院、一九七六）
＊13　星川清孝著『新釈漢文大系第71巻　唐宋八大家文読本（二）』（明治書院、一九七六）
＊14　唐代における韓愈・柳宗元の師道論については林文孝「《研究ノート》笑うべき師——唐代師道論をめぐる一考察」（『山口大学哲学研究』14巻（山口大学哲学研究会、二〇〇七）所収）に多くを学んだ。
＊15　『中江藤樹心学派全集　下巻』（研文出版、二〇〇七）
＊16　東條方秀が回答者であり、質問者は方秀の友人であるとする説もある。
＊17　れいのるず秋葉かつえ「朱舜水がもたらした連帯原理の『僕』」（『ことば』二〇二〇年　四一巻）
＊18　田中弘之著『「蛮社の獄」のすべて』（吉川弘文館、二〇一一）
＊19　『渡辺崋山集』第3、4巻（日本図書センター、一九九九）、『渡辺崋山書簡集』（平凡社東洋文

庫、二〇一六)

＊20 「餓死しても二君につかえてはならない」という言葉は、伝説的な中国の聖人である伯夷と叔斉の兄弟のエピソードにもとづいている。二人は殷王朝への忠義を貫き、新王朝・周の食べ物を口にすることを拒否して餓死した。当時儒学教育を受けた者なら必ず知っていた有名な物語であり、このエピソードを思い出させることで、崋山は真木に何をすべきか示したのである。崋山と真木の絆の根底にあったものが学問への愛であったことがわかる。

第3章

〈僕〉、連帯を呼びかける——吉田松陰の自称詞と志士活動

人は人の心あり、己れは己れの心あり、各々其の心を心として相交はる、之を心交と謂ふ。僕と上人との事、是れなり。

（安政三（一八五六）年八月一八日、吉田松陰の宇都宮黙霖宛書簡）

吉田松陰という人

渡辺崋山《わたなべかざん》が当代一流の画家として江戸で活躍していた文政一三（一八三〇）年秋、遠く離れた本州の西端・長門国（現・山口県）の松本村で、毛利家（萩領＝長州藩）の下級家臣・杉百合之助に子が生まれた。二年前に生まれた長男に次ぐ男の子で、文政一三年は寅年だったので、寅之助と名づけられた。四歳のときに毛利家の兵学師範であった百合之助の弟・吉田大助の養子になり、吉田大次郎を名乗ったが、引き続き杉家で養育された。その翌年に大助は死に、大次郎が跡継ぎとして兵学の道に進むことが運命づけられた。いつしか通称は寅次郎となった。

　利発な子であった。一族の期待を背負い、もう一人の叔父・玉木文之進のスパルタ教育を受け、遊ぶ時間もなく、本ばかり読んでいた。幼少期に天然痘にかかり、あばたが残っており、やせて背が低く、顔色は青白く、風采は上がらなかった。しかし両親や兄弟姉妹に愛され、友人も多かった。一見不愛想だが、話すと魅力があり、老若男女誰にでも好かれたという。これが、後に吉田松陰として知られるようになる人物である。

松陰が生きた幕末期には、支配階級である武士の間では自称詞〈僕〉の使用は一般的になっていた。幕末史には政治的立場や所属（朝廷、幕府、各領分（藩）など）を問わず、〈僕〉を使用する人物が数多く登場する。例えば土佐領の領主であった山内容堂は、政治的同志で友人であった越前福井領主・松平春嶽に宛てた書簡で〈僕〉を常用している。もともと儒学者の間で使われ始めた〈僕〉は、この時代には大名や公家のような貴人にも広まっていたのである。また、学問や文化に携わる上級の農民や町人の間にも〈僕〉を使う男性が多くいた。

しかし、吉田松陰ほど〈僕〉を多用した人物はいなかったのではないか。後半生を自宅での幽囚や入獄の状態で過ごし、自由に出歩けなかったためもあって、松陰は膨大な数の書簡を遺しているが、そのうち四割を超す書簡で自称詞〈僕〉を用いているのである。書簡の中にはごく短いメッセージなどもあり、そもそも自称詞が登場しないものも多いので、それらを除いて数えなおすと、自称詞が登場する書簡の半分以上で〈僕〉が使われている。

もともと学問の仲間どうしの間で使われる自称詞である〈僕〉には、上品で知的な一方、純粋で、どこか浮世離れした子供っぽさのイメージがあるが、吉田松陰はまさにその通りの人物であった。凄まじいまでの読書家で教養があるが、善意の塊のような無邪気さで人を魅了した。それと裏腹なのか、思いこみが激しく子供っぽいところがあり、しばしばとんでもない行動に出て、周囲の人を振り回した。

松陰が〈僕〉を使って書いた文章は感情の動きを生々しく伝え、読むものをぐっと惹きつける。松陰は当時の慣習にしたがい、宛先に応じて〈私〉〈小生《しょうせい》〉〈某《それがし》〉〈拙者《せっしゃ》〉〈吾〉など多数の自称詞を使いわけたが、〈僕〉という自称詞が最も気に入っていたことは間違いない。

膨大な書簡を残した松陰だが、その話しぶりを直接伝える史料は限られており、残念ながら、自称詞〈僕〉を使って話しているものは見つけることができなかった。だから証拠はないのだが、おそらく会話でも自称詞〈僕〉を常用していたのではないか。これほど書簡で〈僕〉を愛用し、また〈僕〉が似合う人物が、会話で〈僕〉を使わなかったとは思えないのである。

ちなみに、次章で紹介するように、松陰の弟子に関しては会話で〈僕〉を使った記録が残っている。

長州の学問の伝統

それにしても、長州は当時の学問・文化の中心地であった江戸や京都・大坂から遠く離れていた。どうしてこの地に、学問を通じた対等の関係を表す〈僕〉という自称詞を愛用する吉田松陰のような人物が出たのだろうか。実は長州の地には、学問の伝統があったのである。[*1]

長州の藩校・明倫館は享保四（一七一九）年に創建された。江戸時代の藩校の設立が本格化するのは一八世紀後半以降のことで、明倫館は全国的に見てもかなり早かった。その背景には当時、戦国時代以来の毛利本家の血筋が途絶え、支藩長府領領主の家系が後を継いだため、新領主への反発や軽視が見られたことがあったと言われる。統率が乱れていたため、家臣に儒学を普及させ、忠誠心を植え付けようとしたのである。また日本海に面し朝鮮半島にも近い地理的条件から、領内を通過する朝鮮通信使の応接や中国船漂着の処理のため、儒学を含む漢文教養に広く通じた人材の育成も必要であった。

初期の明倫館の運営に携わった儒学者・山縣周南《やまがたしゅうなん》（一六八七—一七五二）は著名な儒学者・荻生徂徠《おぎゅうそらい》の弟子であり、初期明倫館は徂徠学派の影響が強かった。そのためもあって、明倫館は徂徠の『政談』に「家中ニ学者多ク出来タリ」、徂徠の弟子・宇佐美灊水《うさみしんすい》の『事務談』に「長門に文学才芸の士多し」と書かれ、儒学教育の水準の高さが全国的に知られるようになった。山縣周南は〈僕〉を用いた書簡を多く残している。[*2]

松陰の少年時代にあたる時期には、明倫館で優秀な成績を収めた村田清風（一七八三―一八五五）の元で改革が行われ、その一環として嘉永二（一八四九）年には明倫館の移転と大幅な拡張が行われ、成績優秀者が領分の政治に参加するルートが整えられた。身分制度に空いた風穴の一つであった。明倫館は当初の目的であった風俗教化や儒学の専門家養成を超えて、領分に貢献するための人材育成機関であることが公式に認められたのである。松陰はそうした時代の空気を吸いながら、成長していった。

松陰の七歳年上である周布《すふ》政之助《まさのすけ》（一八二三―一八六四）は、明倫館教育の申し子であった。明倫館で優秀な成績を収めて抜擢《ばってき》され、幕末の萩領政の中核を担った周布は、高杉晋作や久坂玄瑞《くさかげんずい》など、松下村塾生らの活動を後押ししたことで知られる。また周布は在学中の弘化三（一八四六）年には学内で政治的な討論をする結社である嚶鳴社《おうめいしゃ》を結成した。嚶鳴社の参加者の多くはその後周布を支え、幕末の萩領で重要な役割を果たしている。

吉田松陰自身、またその弟子たちの多くも、周布をはじめとする嚶鳴社メンバーと近かった。松陰は明倫館で学んだことはないが、兵学者として教鞭を執っており、当時の領主からも優秀な人物として目をかけられていた。嘉永五（一八五二）年の脱藩騒動や嘉永七（一八五四）年の黒船への乗り込みなどの問題行動がなければ、周布の後を追って領分の政治に参画していくコースに乗っていたのではないか。

このように、松陰は教育に熱心な長州の伝統が生んだ英才であった。文字通り「学問の子」であり、長州の学問の文化の中で育ったのである。そんな松陰にとって、もともと学問のコミュニティの言葉である〈僕〉は、彼自身を最もよく表現する自称詞と感じられていたのではないかと思われる。

松陰の人間関係

そんな松陰はおのずと学問を通じて人間関係を形成していった。彼の友人・知人は、学問の師、学問を共に学ぶ仲間、学問を教える弟子、のいずれかのカテゴリーに含まれたと言ってもよいぐらいである。例えば松陰の少年時代からの友人の多くは、多少形式的にではあるが、幼い頃から萩領の兵学師範の地位にあった松陰の弟子になっていた。そうした中には、三歳年下の親友・桂小五郎（後の木戸孝允）も含まれていた。

松陰の政治運動では、学問を通じて築いたネットワークがそのまま政治的同志へとスライドしていった。逆に政治的同志を松陰は、儒学や国学などの知識に基づいて共に救国の道・国事を論じる相手として認識していた。こうした友人・知人・同志に松陰は〈僕〉を使った書簡で語りかけた。〈僕〉という自称詞は学問を基盤にした仲間意識を確認する機能を持っていた。

こうした中で重要なのは、松陰が極めて強い「対等志向」を持っていたことである。例えば彼は「弟子」という言葉を使わず、弟子を「友」として扱った。ときにはかなり無理な要求をしたり、頭ごなしに罵倒したりしたが、それでも彼らは松陰の「弟子」ではなく、「諸友」なのである。[*3] 松陰は弟子たちに〈僕〉を使った書簡を頻繁に送り、彼らもしばしば〈僕〉を使って答えた。「共に学ぶ仲間」としての絆《きずな》を最大限に発揮したのが松下村塾であり、それを言語面で支え、象徴もするのが〈僕〉という自称詞だったのである。

また松陰は自分よりも身分の高い萩領の幹部や、面識のない政治的同志にもしばしば〈僕〉という自称詞を用いて書簡を書き、政治的な働きかけをしている。中には京都の公家・大原重徳のように、極めて地位の高い相手もいた。そこには〈僕〉の持つ「対等性」の響きを、同志の絆を示唆するものとして使い、関係を深めようとする、政治的な計算も感じられる。

本章と次章ではこうした考えに基づき、松陰とその弟子の遺した書簡における〈僕〉という自称詞の用法を分析することで、それが指し示す「対等な男子どうしの絆」が幕末の政治運動において持った意味を明らかにしたい。

松陰の書簡の分類

筆者が分析対象とした吉田松陰の書簡八四八本[*4]の分類と〈僕〉を用いる割合は表2の通りである。

全八四八本のうち、松陰が〈僕〉を使用した書簡は三四九通あり、四一・一%に及ぶ。なお、自称詞を一切使っていない書簡が二三〇通（二七・一%）ある。その多くはごく短い数行のメッセージである。それを除くと、何らかの自称詞を使用した書簡のうち過半数の五六・五%で〈僕〉を使用していることになる。

ちなみに、〈僕〉を用いた書簡はすべて男性宛である。そもそも松陰が女性に宛てた書簡は妹や義母などごく限られているのだが（松陰の人生には恋愛の形跡がほとんどなく、ラブレターのようなものは見つかっていない）[*5]、当時の慣行として、女性に対して〈僕〉を使うことは、書簡だけでなく会話でもほぼなかったようである。女性に対して〈僕〉を使う例が出てくるのは明治中期以降なのである。

〈僕〉を使用した三四九通のうち二〇〇通（五七・三%）では〈僕〉のみを使用している。それ以外の書簡では〈僕〉以外の呼称を併用している。よく併用されるのは自称詞代名詞〈吾れ〉〈吾が輩〉〈余〉〈私〉〈小生〉、通称である〈寅次郎〉の一部である〈寅〉、諱《いみな》である〈矩方《のりかた》〉などである。

松陰は一通の書簡で三つ以上、多いときは五、六種類の呼称を使い分けることさえあった。まるで次から次へと仮面を付け替えているかのようである。その中でも特によく使ったのが〈僕〉であった。

〈僕〉の使用が少ない家族宛書簡

「家族」宛の書簡は一四五通で、全体の一七・一％である。なおそのうちの一一九通（全体の一四・〇％、「家族」宛書簡の八二・一％）は二歳年上の実兄・杉梅太郎宛（複数人に宛てた書簡を含む）である。梅太郎と松陰はとても仲がよく、梅太郎は松陰が生涯に最も多く書簡を送った相手である。「家族」宛書簡のうち、松陰が〈僕〉を使った書簡は一一通で、七・五％にすぎない。そのうち一〇通が杉梅太郎宛である。しかし、杉梅太郎宛書簡に限っても、〈僕〉を使った書簡は八・四％を占めるにすぎず、ほんの一部なのである。

全体では〈僕〉を使った書簡が四一・一％あることを考えると、血縁に対して〈僕〉を使うことを避ける気持ちがあったことは明らかである。肉親との関係において〈僕〉は場違いである、あるいは父、兄など目上の家族に対して不敬であるという感覚があったと見られる。学問を背景に、対等の相手に対して用いられる呼称であるという意識が、目上の血族に対して〈僕〉を使うことをためらわせているのではないかと思われる。

[表2] 松陰の書簡の分類

宛先の属性	書簡数（全書簡に占める割合［%］）	〈僕〉使用の書簡数（属性別書簡に占める割合［%］）	〈僕〉使用の全書簡に占める割合（%）	主な宛先
家族	145 (17.1)	11 (7.5)	(3.1)	杉梅太郎
親族	129 (15.2)	58 (45.0)	(16.6)	久保清太郎、小田村伊之助
友人	236 (27.8)	142 (60.2)	(40.7)	小田村伊之助、土屋蕭海
知人	49 (5.8)	18 (36.7)	(5.2)	富永有隣
師匠	25 (2.9)	15 (60.0)	(4.3)	山田右衛門
弟子	229 (27.0)	100 (43.7)	(28.7)	久坂玄瑞、入江杉蔵、高杉晋作
同志	81 (9.6)	43 (46.9)	(12.3)	月性、黙霖
領分関係	44 (5.2)	14 (31.8)	(4.0)	益田弾正
その他	35 (4.1)	—	—	—
総計	848 (100)	349 (41.1)	(100)	—

注：宛先が複数の属性にまたがる書簡も多いため、各属性の単純合計は全体に一致しない。

「友人宛」「師匠宛」で〈僕〉を多く使用

「親族」宛の書簡は一一九通で全体の一五・二%である。ただし、「親族」以外の属性を持たない相手宛の手紙は二五通にすぎず、そのうち一九本が叔父・玉木文之進宛である。それ以外の書簡の多くは「親族」かつ「友人」である久保清太郎と小田村伊之助宛である。この二人は松下村塾の運営や松陰の政治運動の最も身近な協力者であった。「親族」としての信頼関係と同年代の「友人」の立場を兼ね備えていたからこそのことであった。

「親族」宛書簡のうち松陰が〈僕〉を使ったのは五八通、四五・〇%である。しかしそのほとんどは久保清太郎、小田村伊之助など、同年代の「友人」としての属性をも持つ相手であることは注目される。目上の血族である叔父・玉木文之進一人に宛てた書簡では〈僕〉は一度も使われておらず、連名の宛名に玉木が含まれる書簡で一度〈僕〉を使用しているだけである。

「友人」宛の書簡は二三六通で二七・八%を占める。松陰書簡中最大のカテゴリーである。「友人」宛書簡のうち、松陰が〈僕〉を使った書簡は一四二通、六〇・二%であり、書簡全体の四一・一%を二〇ポイント近く上回る。〈僕〉という自称詞は基本的には同格の相手に対して用いられるものなので、当然の結果であろう。また、親友と言える相手に対しては〈僕〉を使う回数が多く、ほかの自称詞が併用されない傾向がある。

例えば嘉永六（一八五三）年六月一六日付宮部鼎蔵《みやべていぞう》宛書簡では二六回〈僕〉を用いており、これは松陰が最も多く〈僕〉を用いた書簡となっている。この書簡では他の自称詞は併用されていない。ほかに多く〈僕〉を用いた書簡を出している相手は來原良蔵《くるはらりょうぞう》、中村道太郎、桂小五郎（のちの木戸孝允）などであり、松陰が弟子宛の書簡で自分の親友として挙げている顔ぶれと一致している。これらの親友宛の書簡では他の自称詞は使われていない。〈僕〉が最も気やすい相手に対して使う、いわば素顔の自称詞であることがよくわかる。

「知人」宛の書簡は四九通で五・八％である。「知人」宛書簡のうち、松陰が〈僕〉を使った書簡は一八通、三六・七％を占める。書簡全体に対する割合よりも若干低めだが、「友人」よりも人間関係が薄いと思われる人たちを「知人」に分類しているので、当然の結果であろう。

「師匠」宛は二五通で二・九％である。「師匠」宛書簡のうち、松陰が〈僕〉を使った書簡は一五通、六〇・〇％を占める。「友人」の六〇・二％に匹敵する高い割合で〈僕〉を使っている。

師匠と弟子の関係は上下関係ではあるが、親子や兄弟のような、いわば生来の上下関係ではなく、また身分の上下とも関係ない。あくまで学問を背景にした関係である。深く交流すればするほど、共に学ぶ仲間、同志としての面が前面に出てくる。第2章に登場した中国の「師道論」でも、学問上の「師」と「友」は突き詰めれば同じようなものとして扱われていた。日本で自称詞〈僕〉が広まった背景にある「師道論」の精神は、幕末の松陰にまで受け継がれていたのであろう。

弟子宛書簡にも多い〈僕〉

「弟子」宛は二二九通で二七・〇％である。「友人」に次いで大きなカテゴリーである。「弟子」宛の書簡のうち、松陰が〈僕〉を使ったのは一〇〇通であり、四三・七％と、全体の割合と大きく変わらなかった。

しかし、これには事情がある。弟子宛書簡二二九通のうち七割を超える一六四通は松陰が安政五（一八五八）年一二月二六日に萩で投獄されてから翌安政六年一月二七日に江戸で処刑されるまでの約一〇か月間に書かれていることである。要するに弟子宛書簡の多くは緊迫した条件下で、至急の連絡手段として書かれており、そのため短いものが多いのである。

弟子宛書簡のうち、『松陰全集』で約半ページ以下の短いものを除いて計算しなおすと、全体では五八八通中二七二通（四六・三％）、友人宛では一六五通中一一六通（七〇・三％）、そして弟子宛では一四九通中一〇〇通（六七・一％）で〈僕〉が使われており、弟子宛書簡に〈僕〉が使われる割合は、友人宛とほぼ同等であると言える。

「同志」宛は八一通で九・六％であった。「同志」宛の書簡のうち松陰が〈僕〉を用いているのは四三通で、四六・九％と、全体よりもやや高めであった。「同志」に分類したのは「友人」「知人」に分類した人たちよりも松陰との具体的な人間関係が薄い人たちであることを考えると、注目すべきことであるように思われる。〈僕〉という自称詞が、相手への親しみを演出し、絆を深めるという政治的な機能を果たしていたことを示すと考えられるからである。

「領分関係」は四四通で五・二％である。「領分関係」宛書簡に分類されているのは、萩領の上役に対する意見書などである。書簡で松陰が〈僕〉を使用したのは一四通、三一・八％と、全体よりも約一〇ポイント低い。松陰が「領分関係」で最も多く書簡を送ったのは自分よりも年下の領分の最高幹部である益田弾正《ますだだんじょう》である。

それ以外の属性は「医者」「同志遺族」「弟子家族」「（亡命を試みたときの）米国船」「友人の子」が一通ずつである。また宛先がわからない「不詳」が三〇通あり、それだけで三・五％を占めている。

まとめると、松陰は友人・弟子・師匠に対して高い割合で〈僕〉を使い、また、ほとんど面識のない同志に対して〈僕〉を使う割合も高めであった。一方、家族に対してはほぼ

〈僕〉を使わなかった。

親友でもあった兄・梅太郎

以下、個別の書簡について松陰の〈僕〉の使い方を分析していくが、その手始めとして、実兄・杉梅太郎（杉民治、一八二八―一九一〇）宛の書簡について考える。すでに書いたように、松陰が生涯に最も多くの書簡を送った相手である。

杉梅太郎は松陰の生家である杉家の長男であり、松陰の二歳上の実兄である。松陰は幼くして叔父の吉田大助の養子に入ったが、その後も杉家で暮らしたので、姓こそ吉田だが、生活も人間関係も生涯、杉家が中心であった。

松陰と実兄・梅太郎とはとても仲がよく、どんなことでも気兼ねなく話せる間柄であり、少年時代には、厳格な別の叔父・玉木文之進の教育を玉木が創設した松下村塾で共に受けるなど、学友でもあった。松陰はとても優秀な一方、身体が弱く、病気が絶えなかったので、梅太郎はそんな弟のことをいつも心配していたようだ。

松陰は生涯を通じて大変な読書家であり、また若き日は九州から東北までを旅し、後年は入獄するなどして何かと物入りな一生であったが、梅太郎はその資金の相談相手でもあった。書簡を見ると、松陰の度重なる無心に苦心しながら、気前よく応じている。また松陰の死後は書簡や著作を収集・保存し、世に広めるために努力した。松陰が今ほど高名になったのは、梅太郎の貢献が非常に大きい。

分析対象とした八四八通の松陰書簡中、梅太郎宛は一四・〇%にあたる一一九通と最多であるが、梅太郎宛書簡の重要性はそれだけではない。重要なのは、梅太郎が松陰にとって「兄」であると同時に「親友」であったという「二面性」である。

そもそも〈僕〉という自称詞は私的なものである。学問を通じた友人どうしで用いられる言葉であり、当時の常識として、公文書や目上の親族に対する書簡では、用いられない。松陰が〈僕〉を書簡で用いるのも学問上の師匠・友人や弟子が主な相手であり、父・叔父など上の世代の家族・親族に対する書簡で〈僕〉を用いることもほぼなかった。

それでは兄・杉梅太郎宛ではどうか。兄は言うまでもなく年上であり、儒教倫理においては長幼の序が厳しく守られる。松陰の教養は当時の武士の通例として儒学を基礎としたものなので、厳格に考えれば〈僕〉を使うことはできないことになる。実際松陰もほとんどの場合、この原則に従っているのである。友人や弟子に対する書簡に早くから〈僕〉が頻出するのに対し、梅太郎宛書簡で〈僕〉が使われることは少ない。

しかし、その一方で梅太郎は上記のように、幼い頃から仲が良く、年齢も近く、松陰にとって親友と言ってよい人物である。そのために、ときおりこの原則が破れた。それが梅太郎宛に〈僕〉を使用した一〇通の書簡である。

このように梅太郎宛は松陰にとって〈僕〉使用の境界線上にあるため、松陰がどんなときに梅太郎宛書簡で〈僕〉を使ったかを見ることで、〈僕〉という自称詞に松陰が込めたニュアンスや意味合いを知ることができるのである。

ここから松陰の梅太郎宛書簡の中の〈僕〉の使用法を分析していくが、その背景として松陰の兄との関係と、年を追っての変遷をも記述していく。梅太郎は松陰の生涯全体に深く関わった人物であるため、松陰の人生を大まかに振り返ることになる。*6

秀才の初めての挫折

兄弟が一つの家に同居している間は手紙を交わす必要は特にない。松陰が現在残っている限りで初めて兄に書簡を送ったのは平戸に遊学していた嘉永三（一八五〇）年一〇月一三日であった。内容は近況報告が主で、それとともに、滞在が予定より延びたことを、当時藩に出仕している叔父・玉木文之進を通じ届け出るよう頼んでいる。

翌嘉永四（一八五二）年、松陰は江戸に上る領主と同行する形で江戸に留学し、兄にしきりに手紙を出すようになる。江戸への途上で出した手紙（三月二七日付）では、他数人とともに領主に呼び出され酒をふるまわれたことを報告、呼び出し状を同封するなど、高揚している様子がうかがわれる。

この時期の兄に対する手紙は、書簡としての形式や言葉遣いは崩さないものの、叔父など世代が上の親族に対する手紙よりも内容は軟らかく、他では書かない本音を覗《のぞ》かせることも多い。例えば五月二〇日の手紙では、同じ日に義母（亡き義父・吉田大助の妻）に送った手紙について「女性向けの手紙は特に閉口なものです」と書いている。また、五月二六日付の叔父・玉木文之進宛の書簡では兵学者・山鹿素水に入門したことを報告、「字はとても下手だが、一種の才物であり、有名な人です。随分学ぶべきこともあるでしょう。著述もとても多いです」等と書いているが、六月二日付の兄宛の手紙では、「江戸で兵学者というものは噂ほどでもないようです」と本音をぶちまけている。松陰は萩領の「山鹿流兵学師範」という地位にあるため、山鹿流宗家の末裔《まつえい》である素水には入門せざるを得なかったのだが、実は素水には失望していたのである。

松陰が兄宛の書簡で初めて〈僕〉という自称詞を使ったのは、それから約三か月後八月一七日付である。この日、松陰は兄宛の手紙と同時に、父・杉百合之助と叔父・玉木文之進の二人に宛てた書簡を出しているが、そちらの内容は近況報告が主である。一方、同日付の兄宛書簡では、深刻な学問上の悩みを打ち明けている。

松陰の江戸留学は兵学を極めることを目的としたものであった。松陰は当時満二一歳であり、一一歳のとき領主・毛利慶親への御前講義が華々しい成功を収めて以来、領主はじめ周囲の期待を集める秀才であった。しかし江戸に来て様々な人に会い、勉強会に参加し、当時の学問の流れに接してみると、兵学を論じるにも中国の戦国時代の状況など一通りの歴史に通じておらねばならず、同時に経学（儒学）の知識も必要とされていた。

もちろん秀才の誉れ高かった松陰も萩でかなりの程度こうした勉強はしていたはずだが、自分は「わずかに字を知っているぐらいのもの」と感じていた。江戸の学問状況にすっかり圧倒されていたのである。留学の年限は三年という心づもりだが、実のところ、「三年五年では間に合わないでしょう」。学ぶべきことは実に多い。松陰は「輿地学（地理学）も一骨折れ申すべし／砲術学も一骨折れ申すべし」と「一骨折れ申すべし（骨が折れます）」を繰り返しながら列挙する。西洋兵書類、本朝武器制、文章……。それだけでも体中の骨が折れるような思いをするが、さらに世間の人が嗜《たしな》んでいる技芸の類に至っては数限りない。「詩歌・茶の湯・将棋・書画・印・生け花・能・謡・浄瑠璃、ああ、嫌だ、嫌だ」。当時の江戸文化の繁栄ぶりに圧倒される田舎秀才・松陰であった。

こうして「方寸錯乱」（心が乱れている）の状態に陥った松陰は兄にアドバイスを求める。「僕の学び方がまだ要領を得ていないのでしょうか。お言葉をいただいて心の動揺を鎮めたいと思います」。ここで〈僕〉が一度だけ使われている。

江戸で自信を打ち砕かれた松陰は、自分を最もよく知る兄にアドバイスを求めた。兄は兵学師範という立場のある松陰が安心して弱みをさらけ出せる相手であった。いつも自分の味方でいてくれる人なのである。松陰がすべてをさらけ出して助けを求めたとき、儒教倫理の形式が乗り越えられ、厳密にはルール違反である〈僕〉という自称詞が兄に対して初めて使われた。松陰が親友としての梅太郎に呼びかけた瞬間であった。

しかし、この呼びかけに対する梅太郎の返信は、やや拍子抜けのするものであった。諸葛孔明を例に挙げ、様々な学問を身につけ「文武一体の兵学」を実現して大きな功を立てるようにと言いつつ、一方で「時間もないので緩急をつけて学ぶように」と言うのである。結局どうすればいいのか。どっちつかずで何の参考にもならない返答であった。その後一年余り、松陰が兄宛の手紙で〈僕〉を使うことはなかったが、そのことと、この拍子抜けの手紙に関係があるのかどうかはわからない。

秀才の初めての非行

兄にアドバイスを求める手紙を出してわずか四か月後、松陰は事件を引き起こす。他領分の友人二人と東北旅行に出かける予定をしていたが、領分政府からの通行手形の発給が遅れた。松陰は二人と、赤穂浪士が復讐を成功させた一二月一五日に出発すると約束しており、その約束を守るために手形の発給を待たずに出発してしまう。こうして脱藩の罪を犯すことになった。

この東北旅行に関しては、事前に松陰と梅太郎は書簡で資金のことなど様々な相談をしているが、その中で印象深いのは梅太郎の心配である。梅太郎は知人から東北の寒さを聞いて心配になり、しばらく水戸で過ごし、温かくなってから東北へ行くよう繰り返し書いている。現代から見ればいささか過剰な心配にも思えるが、当時の長州人にとって東北の寒さは未知のものであり、それだけに恐ろしく感じられたことであろう。一〇月一三日付の書簡では同行の友人・宮部鼎蔵の名を挙げ「宮部などの生まれつき丈夫な人の真似をして大風邪をひくことをとても心配している」と書いている。梅太郎の心配ぶりは、松陰の病弱さをうかがわせる。当時の医学水準では、風邪といえどもこじらせれば死につながることは珍しくなかったから、梅太郎の心配は真剣なものであった。

どうか水戸近辺の温かい地で長く滞在し、春のなかばになってから北国へ入ってほしいと思う。三千里以上も離れた地から要らぬ世話だが、要するに命を全うしてほしいと、それだけを祈っています（一一月二〇日付）

「命を全うしてほしい」。その後一〇年も経たないうちに刑場の露と消える松陰の運命を知る者にとって、梅太郎の言葉は実に悲しく響く。しかし逆に、こうした周囲の気遣いや期待に反発し、そこから抜け出したいという二一歳の若者らしい願いが、松陰にもあったのであろう。こうして松陰は秀才コースを外れていくのである。

黒船が来て政治に目覚める

東北旅行を終えた松陰は嘉永五（一八五二）年四月に江戸の長州藩邸に出頭、五月に萩に戻る。一二月に家臣の身分を剝奪し、世禄を没収する処分が確定するが、翌嘉永六（一八五三）年一月には、領分政府から処分と裏腹に、一〇年の遊学を許可された。領主・毛利慶親《よしちか》直々の取り計らいで、松陰の才を買っていた慶親は脱藩の罪にもかかわらず、その大成に期待していた。

一月二六日、松陰は張り切って江戸へと出発する。途中大和（現・奈良県）の教養ある儒者・森田節斎に弟子入り、長期滞在し、文学の道にも大いに心惹かれたと言われる。松陰はこの旅の途中、家族に書簡を送っているが、そのうちの二通（二月一一日付 兄・杉梅太郎宛と四月二日付 父・叔父・兄宛）で一回ずつ〈僕〉を使っている。松陰が生涯で最も自由を味わった時期で、その解放感が目上の家族・親族宛に〈僕〉を使わせたのではないだろうか。
松陰は六月一日に江戸に到着したが、その三日後の六月四日、日本の歴史を大きく転回させる出来事が起きる。黒船の来航である。松陰は一報を聞くや浦賀に急行し、同じく駆け付けた師の佐久間象山らと事態を論じる。その後、家臣の身分を失っているにもかかわらず匿名で領分政府に意見書を提出するなど、幕末の政治動乱に一直線に飛び込んでいく。志士・吉田松陰の誕生である。

これ以降、松陰は兄宛の手紙でしばしば〈僕〉を用いている。最初は六月二〇日付の書簡である。この書簡の本文は近況報告である。浦賀に行った経緯を詳しく述べ、持論を述べる部分もあるが、深入りしていない。

しかし、末尾に「家大兄　案下」と宛名を書いた後の追伸の部分で、「治心氣先生・來原・中村・(八字分切り取った跡)その他有志の諸兄、最近はどのような状況ですか」と萩の知人・友人の名前を書いた後、〈僕〉を用いて、持論を延々と展開していく。

浦賀の黒船来航は古今未曾《みぞう》有の大変なのに、公儀は頼りない。有志の士は何をすべきか。「僕が思うに、豪傑は力を蓄えるべきですし、時勢を嘆く人は心を鍛えるべきです」。そうすれば長州こそ頼りになる。このようなときにいちいち公儀の鼻息をうかがっていては、泥にまみれることになりかねない。そして「僕は、無用の身なので一緒に論じる相手もいない。（中略）皆さんは断じてそうではない。そこでこのように書いたのだ」とあおる。

そこで再び手紙に区切りをつけた松陰は、兄に向かい、「僕が知る志ある年少者は久保・中谷・志道・諫早らですが、手紙を書く余裕がありません。ひそかにこの手紙の前の部分を見せてもよいでしょう。前の部分は治心氣先生・來原・中村に見せてください」と萩の友人・知人に手紙を見せ、彼らに時勢に対応した行動を促すため、仲立ちをするよう兄に求めたのである。

黒船来航という政治危機に直面し、一瞬にして政治活動家となった松陰。この手紙の中では、追伸での萩の友人・知人へのメッセージの中で〈僕〉を使ったが、それが最後の兄宛の部分にも反映して、書簡の本文では使わなかった〈僕〉を使っている。本書簡で〈僕〉という言葉が映すものは同志意識と時勢を論じる熱気であるが、それが兄宛の部分にも伝染している。

いったん兄宛に〈僕〉を使いだすと、それはもはや珍しいことでなくなった。一つにはこの時期の兄宛書簡は六月二〇日付同様、郷里の友人・知人に江戸の政治情勢を伝え、行動へと促す手段と考えられていたことである。兄だけでなく、友人・知人にも見せられ、読まれるという意識が、〈僕〉を使いやすい気分にさせていたと思われる。

それでも直接友人や同志に宛てた手紙と比べると〈僕〉が使われることは少なく、一定の抑制が働いていることを示している。六月二〇日以降、嘉永六年の年末までに兄宛に出された手紙一〇通のうち、〈僕〉が登場するのは三通、使用回数は四回である。

さてまた米国と戦う際、陸戦では必勝であるようにいう俗人もあるが、僕はその説は信じない（七月二八日付）

安積艮斎は俗な儒者で、僕は大変これを軽蔑し……（九月一五日付）

（山縣半蔵は）いつか必ず立派な仕事を成すだろう。ただ僕が不満なことは……（九月一五日付）

僕はこのごろ歌を作った、その歌は……（一二月三日付）

最初の三つの例では反発や非難のときに〈僕〉という言葉が出ており、最後の例では自分の歌を紹介するときに〈僕〉を使っている。萩から江戸への旅行の途上では解放感が〈僕〉を使わせたが、黒船来航以降の時期の兄宛の書簡では、心情が動き、前面に出たときに〈僕〉という言葉が使われていることがわかる。松陰は友人や弟子・同志宛の手紙ではもっと気楽に〈僕〉を使ったが、兄宛の手紙では〈僕〉を使うのに特別な解放感や感情的なエネルギーが必要であったことがうかがえる。

黒船に乗り込み、完全にコースを外れる

嘉永七（一八五四）年新年早々、兄・梅太郎が江戸にやってくる。黒船来航に伴い、公儀が萩領に命じた相州防備の関係の任務によるものである。藩邸に腰を落ち着けたのはまさに元日であった。二日に松陰は兄に書簡を出している。黒船来航の際、家臣の身分を剥奪された身でありながら匿名で意見書を出したことが問題視され、当時松陰は出入り禁止であったため、兄を直接訪ねることができなかったのである。その後、兄は領分政府に掛け合い、袴《はかま》を身に着けない非公式の服装なら出入り可ということになった。こうして兄弟が直接会えるようになったため、しばらく書簡はない。

安政元（一八五四）年一月一四日、ペリー艦隊が再び姿を現した。松陰は佐久間象山らと相談し、米艦に乗り込んで海外に渡航することを計画するが、兄には明かさなかった。三月四日、松陰は藩邸で理解者に会い、資金の相談をした後、兄に会ったが、兄は松陰が最近「粗暴」であるとして非難した。当時藩邸で松陰が時勢を論じ意気軒昂であることが悪評となっていた。松陰は「今から八年間、天下国家の事を言わず、本を読むなどして勉学に専念します」と偽りの誓書を書いた。兄は喜んで小遣いを与え、松陰はその日の夕方にまた来ると言ったが、行かなかった。「どうして来なかったのか」と問う手紙に、「雨で足が汚れたので行けませんでした」と返事をした。松陰は再び兄に会うと自分は計画をも

らしてしまうと思い行かなかったと後日書いている。

松陰は鎌倉の寺の住職である母方の伯父を訪ねることを口実に下田に向かい、「足を伸ばして下田まで来ましたが、国事には関心がありません」と梅太郎に手紙を出している。兄が不吉なものを感じたとしても、もうどうすることもできなかった。これらの一連の手紙では〈僕〉は使われていない。一方、この頃同志らと渡海の計画を相談する手紙では〈僕〉が使われており、対照的である。人に本音の世界と建前の世界があるとすれば、松陰にとって〈僕〉は明らかに本音の世界に属する自称詞であった。

松陰は黒船に乗り込みはしたものの、アメリカへの密航は断られた。失敗した松陰は下田の公儀の役所に出頭し、江戸・伝馬町の牢獄に入った。九月に身柄が領分政府に移された後、萩に護送され、一〇月に野山獄に収容された。伝馬町の牢獄にいる間は、江戸に滞在している友人の土屋蕭海《つちやしょうかい》や姻戚の小倉健作が資金援助・物資差し入れなど救護の役割を担い、兄・梅太郎への書簡は一通のみである。ただ兄は小倉とやりとりし、バックアップしていた。

兄との激論

松陰が萩の野山獄に入牢した一〇月下旬から、二、三日に一通というハイペースで兄と長文の手紙のやりとりが行われる。兄が出した手紙の行間や末尾などに松陰が返事を書き込んだ往復書簡が多い。頻繁なやりとりの中で、これまでの松陰の行動に振り回された兄の不満が噴出してくる。

松陰はこの頃から「二十一回猛士」を号とするようになるが、それによると松陰は生涯に二一回「猛」（政治的行動）を起こすと言い、東北への脱藩行、黒船渡来の際の意見書、下田の渡海失敗でこれまでに三回の「猛」を起こしたので、あと一八回「猛」を起こすというのであった。それに対し兄は一一月五日付の書簡で「喜ぶべし、愛すべし」としながらも、「しかし、今から十八回の猛があったらたまったものではない」と実にもっともな意見を述べた。そして「多言しないように、必ず家族に累が及ぶだろう」と、松陰の奔放な発言や行動が家族に害を及ぼす恐れを訴えた。松陰はその横に「まるで直接兄上のお叱りを受けているかのようです」と皮肉っぽい書き込みをして送り返した。

一一月九日の手紙で兄は鋭く反応し、自分の意見を、松陰は災厄を恐れる俗論と腹を抱えて笑い、自分に直接会っているようだと書いたのだろう、「しかしお前は家禄を奪われ藩士の籍を削られ、遂に獄に下って、国家（領分のこと）にとって何の益があったのか」と松陰の苦闘が「国家」にプラスになっていない、と非難した。

松陰はこの言葉の横に「また怒られました、恐れ入ります」としおらしく書き入れて返したが、その四日後の一一月一三日、下田渡海の失敗の経緯を記した「三月廿七日夜記」を兄に送り、その添え書きとして「兄の説に従えば、僕の昨年の上書の事で万一罪に問われても、何の益もないことになる。それなら、疎廣や胡廣（二人とも中国史上の人物）のようなおもねる者を聖人と呼ぶべきなのか」と書き、兄の説によれば主君に黙って従いおもねる人物こそ聖人ということになるのではないかと猛然と反論した。ここでの〈僕〉は強い自己主張と感情的な反発を伴っていた。

　さらに一一月一九日付の書簡でも松陰は〈僕〉を使用した。この手紙は獄内で他の囚人にごちそうをしたいとして資金の相談をするものである。手紙によれば、当時の牢獄では様々な因習があり、囚人は初めて墨を使うなど様々な機会に他の囚人に対し何か供応をしなければならないとされていた。しかし、松陰は父親が当時、治安関係の要職にあったため、それを免除されてきたが、「僕も世間の辛苦は知っている」と周囲に言い、供応をしようと思うので、もしよければ資金のことを考えてほしいというのである。

　これは実に奇妙な書簡で、言わば牢獄での「お坊ちゃま扱い」を抜け出して一人前の顔をしたいのだが、それに対し実家の資金援助を仰いでいる。実のところこれは松陰の一生を貫く矛盾であったと言える。松陰は下田での密航事件の後、牢獄暮らしか実家での蟄居《ちっきょ》で、完全に自由になることは遂に一度もなかった。経済的にも一生実家の庇護《ひご》下にあったが、その中で行動への意欲を持ち続け、政治的に過激化していった。〈僕〉という自称詞の持つ「甘さ」が目立つところである。

熊皮の敷物に込めた思い

松陰の兄への「反抗」はしかし、長続きしなかった。兄は一二月五日、「これまでのことはもう言わない。これからお前が死ぬまでの時間は、なおこれまでの人生より長いだろう。過失を埋め合わせ、国に報じることはまだできる」と切々とした書簡を送った。松陰はそれに対し「この言葉、決しておろそかにはしません」と返事した。それでもなおしばらくの間、松陰の手紙には反発の気持ちが感じられるが、現存しない手紙に「一日も早く死にたい」と書いたのを両親、特に母親が深く悲しんでいるという知らせを一二月一七日に受け、慌てて弁明の手紙を書いたあたりから語調も柔らかくなり、兄を含む家族への手紙から自己主張は影を潜めた。これから安政六（一八五九）年まで五年間、松陰が兄宛に〈僕〉を使用した書簡は残されていない。

翌安政二（一八五五）年正月六日夜には兄から熊皮の敷物が差し入れられる。寒さが体の弱い弟に障るのではないかと心配してのことである。銀百三〇匁（二〇万円ぐらいか）であったところ、購入を委託した者が四五匁（七万円ぐらいか）に値切ってくれたと梅太郎は手紙に書いている。いずれにせよ安いものではなかった。

一月二七日付の兄からの手紙には「計画外の対面」のことが書かれている。前日獄を訪れた兄は、それまでに獄吏《ごくり》と気安くなっていたこともあり、そのまま奥へと入ってみたところ、とがめられることもなく、弟と対面できたのである。「とがめられるのを恐れていたのでちょっと狼狽し、言いたいことも言えず、見たいところも見られず、（中略）（お前が）熊皮に座って堂々としているのを見ただけでした」。野山獄入獄前に会って以来三か月ぶりの対面であった。

それまで梅太郎は連日のように獄を訪れて手紙や書籍、食べ物などを獄吏に預け、また獄吏たちの家を訪ねて差し入れを頼むこともしばしばであった。そうした際にそれなりの心づけを渡していたこともおそらく間違いなく、その積み重ねで獄中の弟と対面できるようになったのである。

心づけの威力だけでなく、海外密航を試みるという破天荒な松陰の罪状が同囚者や獄吏の関心を引き、日々接するうちに松陰の教養や見識が彼らに感化を及ぼすようになったこともあるようだ。特に学問好きの司獄・福川犀之助は松陰に心酔、正式に弟子となった。昼間はさすがに周囲の目があるが、夜には獄吏たちの黙認のもと、梅太郎や友人たちがしばしば獄を訪れ、松陰と対面するようになった。

野山獄は独房が一二室連なった構造であり、囚人間の会話は禁止されていたが、夜は会話も交わされ、やがて灯火の使用も黙認されて、囚人仲間による勉強会が盛んに行われるようになったのである。松陰がおもむく所、監獄すら学校になってしまう。教師としての松陰のパワーは驚くべきものがある。

松陰の出獄と松下村塾の始まり

松陰はこの年の一二月一五日出獄し、生家で蟄居の身となった。やがて兄、父ら近親者を相手に『孟子』を講じ始め、徐々に外部からも参加者が出るようになる。評判が広がり、松下村塾へと発展していく。叔父の玉木文之進が以前同じ名前の塾をしていたが、松陰による松下村塾が始まったのはこの頃である。

この後安政四（一八五七）年末までの約二年間は、比較的落ち着いた政治状況のもと、後年歴史に名を残す多くの弟子を育てた。松陰の短い人生において、教育者として大きな成果を挙げ、最も充実した時期である。弟子、友人、政治的同志宛に多くの手紙を書いたが、生家に住んでいたので、兄と手紙を交わす必要は当然なく、兄への手紙は一通も残されていない。

政治活動の激化

安政五（一八五八）年の初めから、日米修好通商条約の締結を巡る問題が浮上してくる。アメリカの総領事ハリスの要求を受けて条約締結やむなしの結論に至った公儀は二月に老中・堀田正睦を京都に派遣し、勅許を求めるが得られず、六月、勅許なしで条約を結んだ。

松陰はこれらの動きに鋭く反応、締結までは領分当局の知人に手紙を出すなど領分を尊《そん》皇攘夷《のうじょうい》・締結反対に統一させようと盛んに運動した。見切り発車での締結が報じられると公儀に対して怒り、対決路線へと傾斜していく。八月には他の塾と合同で数十人規模の操練を実施し、萩城下を大いに騒がした。

それに続いて公儀要人の襲撃や獄舎の破壊などのテロ工作を次々と立案し、弟子たちに実行を指示するようになる。しかし、現実的でないと感じたり、過激さに呆《あき》れたりし、塾から足が遠のく者も続出した。

その中でも条約締結後、尊王攘夷派の摘発を指揮した老中・間部《まなべ》詮勝《あきかつ》の要撃（暗殺）計画は、方々に資金援助を要請し血盟を行うなど、大規模かつ本格的なものであった。松陰は計画にあたって秘密を保持しようという気持ちがなく、むしろ領分政府の要路に手紙を出して武器などの援助を求めた。自らの正義を純粋に信じるがゆえの天真爛漫《てんしんらんまん》な態度であった。

一一月六日には父・叔父・兄宛に、計画の趣旨と自らの考えを述べる長文の漢文の手紙を書いている。通常の意味の手紙というより、親族への手紙の形を取って、自らの行動の真意を後世に遺す意図の政治的文書のようだ。「生まれつき虚弱で赤ん坊のときからしばしば病気にかかり、また法を犯すことも度々であったが、不幸にして病にも法にも死せず、このように父兄に対して不孝の罪を犯すことになった」というのが、そこに書かれたそれまでの人生の総括であった。

「だが、今回のことは皇室の存亡、吾が公（毛利家）の栄辱に関わることだから、止まることはできない」

しかし領分政府は大っぴらに公儀要人へのテロ計画が進められるのを見逃すことはできなかった。一一月二九日には自宅厳囚、一二月五日には野山獄への入獄を命じ、父の病気などを理由に若干の遅延はあったものの、一二月二六日には実際に収容された。

松陰への入獄命令は当時の基準に照らしても明確な罪状のないものであったので、弟子たち八人が罪名を詰問するために領分政府の要人らの屋敷を訪れ、要人の一人・周布政之助が裏門から逃げると、そのまま屋敷に一晩居座るという騒ぎに発展した。これにより行動的な弟子たちも自宅厳囚を命じられ、松陰の政治運動は抑えこまれていく。

松陰は意気軒昂で、各方面に配慮した領分政府の弱腰や前回入獄時から続く獄吏らによる優遇により、比較的自由に手紙のやりとりや面会が可能だったこともあって、複数の政治的プランを継続した。もっとも、弟子たちの多くが自宅に監禁されたり、親族からの説得などで松陰から距離を取るようになり、実際に面会に訪れるものは少なく、孤独を感じたようだ。

松陰の生涯最後の年になった安政六（一八五九）年一月一三日付の兄宛の手紙で松陰は安政元年以来五年ぶりに〈僕〉を使っている。

松陰は、「獄中の行き来を江戸藩邸が監視しているようなことはないはずだ」と書く。この時期関係者の間にはこのような噂がささやかれ、警戒心から松陰に距離を取る者が多かったということらしい。松陰は警戒して遠ざかっていく弟子や友人にいらだちを募らせていた。

それに続いて「松下村塾に目をつけているといった話も僕は信じません（中略）村塾に目をつけられるようなら、松陰（私）もだいぶ愉快に思いますが、なかなか（領分）政府がそうすることもないでしょう」と、〈僕〉が飛び出す。

何かを否定する勢いで〈僕〉を使うことは嘉永六（一八五三）年頃の黒船来航後の兄宛の手紙でも何度かあり、激しい感情の動きを感じさせる。今回の場合には、弟子や友人たちが遠ざかっていく寂しさを感じながら、それに反発する気持ちがこのような形で表れていると思われる。多くの弟子たちが身辺から去った今、理解者である兄に弱音を吐く甘えの気持ちもあっただろう。

結果として、これが松陰が兄宛の手紙の中で〈僕〉を使った最後の機会となった。そもそも兄宛の手紙自体が、前回の野山獄入獄時に比べて少ない。今回は最初から夜に面会することができたし、松陰の意識は依然として国事に向いており、手紙を通じて弟子や友人たちへの連絡を試み、政治的プランを進めることに忙しかった（それらの手紙の中では盛んに〈僕〉が使われていた）。

五月になると公儀からの呼び出しが届く。五月二四日には門人でもあった司獄・福川犀之助の計らいで一晩家に戻り、家族や弟子たちと別れの挨拶をした。二五日に江戸へ出発、江戸の長州藩邸に滞在した後、七月九日、幕府の法廷に出、伝馬町の獄に収容された。

ここからは家族への手紙はわずか二通にとどまる。国事犯として手紙を出すこと自体厳禁であり、実際には抜け道もあったが、累が及ぶのを恐れる気持ちもあって、家族への手紙ははばかられた。この時期の手紙は江戸にあって差し入れ、資金援助など救護の役割を担った弟子・高杉晋作らとの往復が主である。

一〇月二〇日、数日内に処刑されることを覚悟した松陰は別れの手紙を父・叔父・兄宛に書いた。

平生の学問が浅薄で、至誠で天地を動かすことが出来ず、このようなことになってしまいました。さぞ悲しまれることだろうと思います。

親思ふこころにまさる親ごころけふ《きょう》の音《おと》づれ何ときくらん

しかしながら去年十（一）月に差し上げておいた書を、御覧いただけば、そこまでお悲しみになる必要はないと存じます。また、五月に出立の際にも色々申し上げましたので、今さら何も思い残すことはありません。

歴史の舞台を十分に意識した松陰の筆は、平明そのものである。感情の揺れを見出すことはほとんどできない。そこに〈僕〉の出番はなかった。松陰は一〇月二七日、処刑された。享年は数えで三〇だった。

感情の揺れと〈僕〉

松陰は兄・梅太郎宛の書簡では原則として〈僕〉を使わなかったが、ここで取り上げた一〇通の書簡では例外的に〈僕〉を使用している。改めて内容をまとめると、悩みを抱えて動揺しているとき、解放感を味わっているとき、逆に高揚しているとき、また兄に反抗している場合や書簡中で他人の意見に反論するときなど、総じて心情が大きく動いているときに原則が崩れ、〈僕〉を使用していると言える。それは兄と弟という、儒教では「上下関係」として明確に位置づけられた関係性の中にその心情が収まらなくなった場合であると考えられる。

年毎に分類すると嘉永四（一八五一）年一通、嘉永六（一八五三）年六通、安政元（一八五四）年二通、安政六（一八五九）年一通であり、黒船来航後に四通、再来航した黒船に松陰が密航を試みて失敗、下獄した後が二通と集中している。政治的行動への思いが〈僕〉使用と結びついていることには注目すべきであろう。

松陰は友人・弟子・政治的同志との書簡ではほとんどの場合〈僕〉を使っており、そのため、政治的な議論や、政治行動への扇動、計画などは専ら〈僕〉を使った書簡によってなされた。これらの書簡と兄宛の書簡を比較することで、松陰の〈僕〉使用の背景にあるものが、自由・率直に自分の感情を表現し、意見を交わし合う対等な人間関係への希求であることが理解できるのである。

松陰は生涯自立することはなく、兄をはじめとする家族の経済的・精神的庇護を受けながらも、家族からも領分からも独立した個人として政治的行動を続け、ときに周囲への多大な迷惑も意に介さなかった。根本的な矛盾とも言えるこうした生き方と、彼が愛用した

〈僕〉という自称詞の間には本質的な関係があるようにも感じられる。家族や周囲の庇護を強く意識しなければならない立場だったからこそ、〈僕〉という言葉が作り出す「対等な関係」を愛し、それによる自由な思考・行動を大切なものとしていたのではないか。それが兄との関係にも投影され、儒教的な倫理が課すタブー感を上回ったとき、兄宛にも〈僕〉が使われたのだと思われる。

同志に送る書簡の〈僕〉

友人に対して〈僕〉を使うのが自然な友情に基づくものであるのに対し、同志に対して〈僕〉を使うことには、意図が感じられる。

電話もメールもSNSもない当時、友人関係は専ら何回も顔を合わせ、空間を共有することで築かれていた。書簡だけで友人関係を築くことは不可能ではないが、郵便制度が整っていない当時は今よりもはるかに時間もかかり、難しかったであろう。

リアルな関係に基盤を置く友人関係に対し、政治的同志は実際に顔を合わせたことのない相手であることも少なくない。人から聞いた噂などで相手の政治的な見解や立場を知り、関係を結ぶことにメリットを見出して書簡を交わす。その後実際に顔を合わせたこともあるが、松陰の場合は密航失敗以降、出歩けない立場だったので、会わずに終わった相手も多かった。つまり、政治的同志との関係は友人関係と比べ、バーチャルな関係であった。そんなバーチャルな関係を築く過程で〈僕〉を使い友情を演出することには、意見を同じくする相手への自然な親しみの感情もあるにせよ、同時に戦略的な計算も感じられるのである。

松陰が同志と見なすのは尊王攘夷の思想を共有する相手であるが、そうした人々は多くの場合松陰と同じ教養人であり、読書人であったから、松陰としては彼らに対し書生言葉である〈僕〉を使うことで効果的に仲間意識を表現することができたのであった。

桐原健真[*7]は松陰が小国剛蔵（一八二四―一八六五）と本の貸し借りを通じて同志的な関係を築くに至る過程を分析している。桐原の関心は専ら本を関係作りのために利用する松陰のやり方に集中しているが、桐原の分析の対象となっている松陰と小国の書簡のやりとりは、自称詞〈僕〉の利用という意味でも興味深いものになっている。

小国は萩領の家老で松陰の有力な支持者であった益田弾正（一八三三―一八六四）の家臣であり、益田の領地であった須佐の郷校・育英館の教授を務めた読書人であった。

現存するやりとりのうち最も古い安政四（一八五七）年一〇月二二日付の松陰宛書簡で小国は、自らの師である安井息軒の『読書余滴』とともに、山縣大弐の『柳子新論』をも送った。『読書余滴』は書簡に先立って松陰と会った際に頼まれたものだが、桐原によると松陰はこの書をすでに読んでおり、また小国から借りた後に読んだ形跡もないという。つまり松陰は小国との関係を築く目的で、小国の師の著書を借りたいと言ったのだった。

小国は『柳子新論』については「御蔵書に同じ本があったら、すぐに返却してください」と素っ気なく書いており、この時点では松陰との関係には慎重である。この書簡には自称詞も対称詞（二人称）も登場しない。

それに対し松陰は同年一一月九日付で漢文の書簡を送った。「何年も英名をお聞きしていましたが、先日お会いできて、限りなくうれしく思います」という趣旨の書きだしで、友人の蔵書家・岸御園の協力を得て七冊もの書を貸し、さらに数十冊もの稀覯《きこう》書のリストを送り、「必要ならばすぐに送ります」と書いた。この書簡では〈僕〉が八回も使われている。

およそ典籍・図書は古今に通じ、宇宙にも達するものです。まして同じ時代・同じ国では当然のことです。ある本を持つ人が持たない人に貸すのは友情から言って当然するべきことです。どうか僕の手間暇を心配なさいませんように

格調高く友情の調べに乗せて気前よく蔵書の貸与を申し出た松陰に、小国は感嘆せざる

を得なかった。小国もまた漢文で応えた（同年一二月一三日付）。

> これほどの親切は『神交』と言うべきであり、（尊王攘夷の）『大義』あってのものでしょうか。御園氏にはまだあったことがありませんが、これほど友誼に厚いとは人柄が知られます。僕に本当に意を尽くしてくださいました。御貸しした二冊はごゆっくりご覧ください

書簡中わずか一回ではあるが、松陰に応えるようにして〈僕〉を使っており、友情が成立したことの一つの表れとなっている。

松陰はこの後、小国との関係を通じて育英館と松下村塾の間に数次にわたる交換留学を実現し、志士のネットワークを広げることができた。育英館生の間からは荻野時行、大谷茂樹の二人が松陰に弟子入りしている。

このほか、松陰は京都の著名な文人で四〇歳以上も年上の梁川星巌《やながわせいがん》や有力な高位の公卿・大原重徳など、会ったことのない格上の人物にも〈僕〉を使った書簡を出しており、政治的な「同志」のネットワークを構築する上で、〈僕〉という自称詞を戦略的に使っているのではないかと思われる。

特に大原に対して〈僕〉を一〇回も使用した安政五（一八五八）年一二月二一日付の書簡は「門下の少年には僕と生死を同じくする者が十数人もいます」等と弟子から友人、領分の役人に至るまで同志の名前を具体的に挙げつつ「必ず必ず長州に来ることを決心してください」と長州行きを決心するよう迫る内容であった。

前述したように松陰は弟子のことを通常「友」「諸友」などと呼び、「弟子」「門下」といった言葉を使うことはまずなかったが、ここでは「自分と死生を共にする門下少年輩が十数人もいる」として自分の力を誇示している。

一度も会ったことのない高位の殿上人に対して馴れ馴れしく響く可能性のある〈僕〉をあえて使っていることも、同様に強気に出て力を誇示する効果を狙っているのではないかと思われる。

領分関係者への〈僕〉

松陰と萩領幹部の関係はアンビバレントなものであった。松陰は東北への脱藩行以来毛利家家臣としての身分を失った浪人の立場にありながら、領主への度重なる意見書提出、米艦への乗り込み、公儀要人へのテロなどの過激な計画の立案・準備と、次から次へとトラブルを巻き起こしていた。領主側近だった高杉晋作の父親は息子が松陰に近づくのを嫌っていたが、それに典型的に見られるように、領分政府内には松陰を厄介者扱いし、若者たちが近づくのを忌避する人々がいた。というより、そうした人々が多数派であっただろう。

しかし、松陰は藩主・毛利慶親の寵愛を失っていなかった。慶親は常に松陰を気にかけ、「寅次郎から意見書は来ていないのか」と部下に尋ねることさえあったという。領主だけでなく、領分の上層幹部の中には常に松陰の支持者がいた。彼らの多くはかつて松陰が領分の兵学師範であった際に門下生となるなどして松陰に接触し、松陰の見識や私心のなさに心酔していた。

祖先が皇統につながるとされていることから、毛利家は外様大名としては例外的に朝廷との公式の交際が認められていた。そのため、萩領では伝統的に尊皇の気風が強かった。またこの章の初めに書いたように、長州は全国的にも早く藩校を創設したことから、学問が盛んで、教養が重んじられる土地柄でもあった。そのため領分の幹部の中にも読書人としての一面を持つものが多くおり、そうした人々にとって、松陰の尊王攘夷の主張は疑問の余地なく正しいものと感じられた。彼らはしばしば政治の現実を無視した松陰の過激さに辟易《へきえき》としながらも、「本来は自分たちもそうあるべき」という気持ちは否定できなかったのである（こうした人々——益田弾正、周布政之助、前田孫右衛門ら——は松陰の死後、その弟子たちの主導する過激化路線を領分政府中枢において支持し、維新への激動の中で命を落としていくことになる）。松陰もまたこうした人々との関係を重視し、盛んに書簡や著書を送っては、彼らを通じて持論を領分の方針に反映しようと努めた。

そうした領分幹部の代表と言えるのが益田弾正（一八三三―一八六四）であった。益田家は一万二千石の領地と独自の家臣団を持つ毛利家永代家老の家柄であるが、弾正は松陰の兵学門下であり、一貫して松陰の支持者であった。

松陰が弾正に送った書簡は二一通残っているが、その多くは極めて丁重なもので、そのほとんどでは〈僕〉は使われていない。松陰の方が三歳年上であることや師匠であることを考えると、松陰が弾正の極めて高い身分を意識していることは明らかである。

その一方で、松陰が〈僕〉を六―一八回多用した書簡も四通残されている。〈僕〉を使わない書簡のほとんどが和文のものであるのに対し、〈僕〉を多用した弾正宛書簡はすべて漢文体であった。江戸時代において漢文の読み書きは知識人が身につけるべきものとされていたが、和文と異なり細かい敬語の体系が存在しない漢文は、身分差にあまりこだわらずに率直に意見を交わすのに適した面もあった。

四通のうち最初の二通は安政四年（一八五七）閏《うるう》五月と六月のもので、野山獄で同囚であった富永有隣の釈放を訴えたものであった。松陰自身安政二年の一二月に獄を出たばかりであり、それをはばかって親戚で友人の久保清太郎の名義を借りている。おそらくは他人の名を借りた気楽さもあってか、〈僕〉を多用し、堂々たる論陣を張って有隣を許すべきことを主張する内容になっている。

後の二通は安政五（一八五七）年六月に出された。この頃弾正は、長州の国元を担当する責任者である国相から、領主と共に国元と江戸を往復する行相へと昇格した。弾正の領地である須佐の育英館と松下村塾との交流も深まりを見せており、松陰は大きな手ごたえを感じていた。二通の弾正宛書簡にはそうした事情が反映しており、文体には高揚が感じられる。松陰は〈僕〉をそれぞれ一一回と一八回使用したこの書簡で、自分の著書多数を弾正に送り、その意見を領分の方針に反映することを期待している。

松陰が領分関係者に送る書簡で〈僕〉を使用する割合は三一・八％と、全体平均よりも約一〇ポイント低い。それは松陰よりも身分が高い領分の幹部への遠慮の気持ちを表していると思われる。松陰は盛んに領分関係者への働きかけを続けており、ここぞというときには格調の高い漢文に〈僕〉を多用して働きかけの効果を高めることを狙ったのではないだろうか。

〈僕〉に込めた「対等性」

松陰の「対等性」を重視する態度は、厳しい身分社会であった日本では貴重なものであった。松陰はそれを「共に学ぶ」という学問の場の在り方から導き出していた。

松陰が身分社会において希少な「対等」関係に求めていたものは何だったのだろうか。それをうかがわせるのは、宇都宮黙霖《うつのみやもくりん》（一八二四―一八九七）とのやりとりである。

安芸国（現・広島県）出身の聾唖《ろうあ》の本願寺僧であった黙霖は勤王を唱え諸国を遊歴し、安政二―三（一八五五―一八五六）年頃に二度にわたって萩を訪れ、対面することこそなかったが、松陰と書簡を交わした。うち十数通が今に残されているが、そこでは公儀を激しく批判し倒すことを唱える黙霖と当時の政治秩序を尊重した上で尊王の大義を広めていこうと考える松陰の間で激しい論争が交わされている。松陰は残された往復書簡の一通の末尾に「漢文で数度の往復書簡があったが、ついに降参した」とメモ書きしており、論争に負けたと考えていたことがわかる。晩年の松陰の過激化の背景には、黙霖との論争の影響があったと一般に考えられている。

論争が続いていた安政三（一八五六）年八月一八日、松陰は黙霖宛書簡の書き出しで、

有志の士が同じ時代に生まれ、同じこの道（勤王の道）を求めるのは喜ばしい

ことです。しかし、一つでも意見が合わないものがあるときは、自分を曲げて人に従ってはなりません。また、人に無理強《じ》いして自分の意見に従わせてもいけません。その結果、何度も反覆して議論を戦わせることになります。意見の違いは腫瘍が体にあって一日も我慢できないのと同じであり、人と人との間にあって、これより辛いことはありません。しかし、人は人の心があり、自分は自分の心があり、それぞれその心を心として交流する、これを心交と言うのです。僕と上人（黙霖）の関係はこれです。

と書いている。

当時は言うまでもなく身分社会であり、「一つでも意見が合わないものがあるときは、自分を曲げて人に従ってはなりません。また、人に無理強いして自分の意見に従わせてもいけません」などということは一般的にはまったく成り立たなかったことは言うまでもない。それは、同じ教養を前提とした学問の仲間としてお互いを想定しているからこそ成り立つ原則であった。松陰はそうした関係、学問・教養を共通基盤とした「対等」関係を「心交」と呼んでいる。

そこでは身分が上の人間が下の人間を従わせる身分社会の論理は通用せず、どこまでも

「それぞれその心を心として」交わらなければならない。それだけに、尊王という「志」を共にした者の間でも激しい論争が交わされることになる。正しい考えが相手を説得し、賛同を得て、世に広がっていくのである。

そうした「心交」が成り立つのは典型的には「友人」関係であったが、松陰はその範囲を最大限に広げ、「師匠」、「弟子」、黙霖のような、身分を問わぬまだ見ぬ「同志」、また領分の機構における上位者までその範囲に含めようとした。ときには儒教倫理において歴然と目上である実兄にも対等の友人であることを求めた。お互いに忌憚《きたん》なく意見を述べ合い、互いの意見を尊重する「心交」への希求、それが彼の「対等性」への志向と〈僕〉の多用の背景にあるものだったのである。

そこにはおのずから身分社会を超えていくきっかけがあり、松陰の政治運動と深く関わっていた。松陰は学問を共通の基盤として「対等」の立場で議論を尽くせば、正しい道に領分を、ひいては日本全体を動かすことができるという信念の持ち主であった。それは現代においてはナイーブにも響くが、当時は多くの人々を政治行動へと動かす力を持っていたのである。

そうした信念はしかし、議論のぶつかり合いをいかに集団としての意思決定に導いていくかというルールが定められない限り、自分が正しいと信じる人々どうしの妥協のない争いに転化していかざるを得ない。

　松陰の死後、その信念を受け継いだ松下村塾の弟子たちは、一斉に命がけの志士活動に乗り出した。その際、彼らが自称詞〈僕〉を通じて培った対等の絆が、弟子たちの間にあった大きな身分の壁を乗り越えるのに役立った。

　その一方で、彼らのテロリズムがとめどがないまでにエスカレートしていく様子には戦慄せざるを得ないものがあった。次章では、松陰の弟子たちの交わした〈僕〉について書いていきたい。

＊1　長州藩の学問の伝統については前田勉『江戸教育思想史研究』第三章「長州藩明倫館の藩校教育の展開」（思文閣出版、二〇一六）

＊2　牛見真博「近世における一人称代名詞『僕』の使用をめぐって――江戸中期の徂徠学派〈山県周南〉から幕末の〈吉田松陰〉へ」（山口大学大学院東アジア研究科『東アジア研究（18）』．374-361, 2020-03）

＊3　弟子の冷泉雅二郎は、同年輩の弟子・馬島甫仙から聞いた話として、弟子入りの際に「どうか教えてください」と松陰に言ったところ、「教えることはできないが、一緒に勉強しましょう」と言われたという話を伝えている（「松下村塾零話」（『吉田松陰全集』（大和書房、一九七二）第十巻所収））。当時、松陰は二六、馬島は一〇代半ばであった。このエピソードに、第2

章（p.82-84）で紹介した柳宗元が韋中立に宛てた手紙と同じ精神を読み取ることができるだろう。

＊4　『吉田松陰全集』（大和書房、一九七四）の第七巻、八巻の書簡集収録分に第十巻の補遺を加えた書簡等六三二本のうちから、松陰筆でない三本を除き、さらに全集の他の巻から書簡形式の文章二一九本を加えたものである。

＊5　松陰が野山獄に入獄していた当時、収容されていた女性・高須久子との交流で詠んだ俳句にはお互いの淡い恋情がうかがえるが、それが唯一のエピソードである。高須久子は芸能民との交流を家族にとがめられて入獄させられており、彼女自身興味深い存在である。

＊6　本章と第4章における松陰と弟子たちの伝記的事実については、海原徹著『吉田松陰――身はたとひ武蔵の野辺に』（ミネルヴァ書房、二〇〇三）を中心に、様々な伝記・歴史書に依っている。

＊7　桐原健真著『松陰の本棚　幕末志士たちの読書ネットワーク』（吉川弘文館、二〇一六）

第4章

〈僕〉たちの明治維新

――松陰の弟子たちの友情と死

僕へ王学の御勧有難く、僕尊意を諒し候。併し僕是迄は、経書は丸で手に取た事なし。

（安政六（一八五九）年一〇月一五日付、入江杉蔵の久坂玄瑞宛書簡）

弟子たちの重要性

前章で紹介したように、吉田松陰は様々な身分・関係の男性たちと〈僕〉を使った書簡を交わし、同志の輪を広げ、それを通じて政治活動を行っていたが、その中でも弟子たちとの関係は重要である。松陰が主宰した松下村塾には九二人の塾生がいたが、[*1]彼らのうち約半数が幕末の政治運動に参加しており、中には高杉晋作をはじめ、久坂玄瑞《くさかげんずい》、佐世八十郎《させやそろう》（前原一誠）など歴史上大きな役割を果たしたものが少なくない。特に萩領（長州藩）の尊皇攘夷《そんのうじょうい》・倒幕派で松下村塾生は中核を占め（「松下村塾党」と呼ばれた）、激烈な志士活動をして、時代を揺り動かす原動力となった。彼らの相当数が幕末から明治初期の動乱の中で落命したが、生き残った者の中からは伊藤博文、山縣有朋《やまがたありとも》の二人の首相を筆頭とする明治政府の有力者が出た。

長州という地方の一私塾に集まった青年たちには、特別なところはなかった。たまたま松下村塾の近所に住んでいたり、親戚・知人の紹介で入塾した例が大半である。そんな彼らの多くが死の危険をも厭《いと》わぬ「志士」になり、戦火に飛び込んでいったのは、松下村塾という「まとまり」にそれだけの力があったからであるが、それは何だったのか。吉田松陰という師に魅力があったことも大きいが、その核にあったものとして、「身分を超えた男性どうしの、目的を共有する連帯」がある。そして、連帯を象徴し、促進・強化したものの一つとして、対等の関係を表す自称詞〈僕〉が考えられる。

松下村塾生には多様な身分の男性が含まれる。武士、中でも大組士と呼ばれる領主側近の身分の子弟が三分の一近くを占めるが、それ以下の武士や、足軽・中間《ちゅうげん》といった武士社会の末端に位置する人々も多く、伊藤・山縣は中間身分であった。他に領主の家臣の家臣である陪臣、医者や僧侶のほか、少ないが町人の子弟もいた。松陰の有名な肖像画を描いた松浦松洞は陪臣身分であるが、もともとは魚商の子弟であった。

江戸時代は身分社会であり、身分により服装や生活習慣、言葉遣いも違っており、身分が大きく異なれば、親しく付き合うことは難しかった。武士社会の中でも、一人前の武士として認められる「士分」と足軽や中間などの「卒分」の間の身分差は歴然としたものがあった。例えば中間であった山縣小助（有朋）は松下村塾入塾前に、藩校・明倫館で手子《てこ》役（雑役係）として働いていた頃、土砂降りの雨の中、登校中の館生に泥の飛沫をかけてしまい、土下座を強いられている。なおこの頃の明倫館には士分に属する家臣しか入学できなかった。

このような分断された社会で、松陰の弟子たちはどのように身分の差を超えて連帯していったのか。そこには松下村塾で学んだ共通の経験によって培われた同志の絆《きずな》があったことは間違いない。

松陰はどのような身分の相手にも丁寧に話をし、また相手の話を聞こうとした人物であった。松陰のこうした面を物語るエピソードとして、被差別身分の女性・登波の仇討《あだう》ちの顕彰碑文を執筆し、彼女を杉家に招待し、宿泊させて弟子ともども話を聞いたことは有名である。当時の武士としては異例とも言えるこのような松陰の姿勢に惹かれてか、様々な身分に属する弟子たちが松陰に従って政治活動に身を投じ、松陰死後もお互いに身分を超えて信頼を育《はぐく》み、同志として認め合って行動を共にしていったのである。

こうした多様な出自の弟子たちを代表する者として、この章では高杉晋作（一八三九―一八六七）、久坂玄瑞（一八四〇―一八六四）、入江杉蔵（九一《くいち》）（一八三七―一八六四）の三人について取り上げ、彼らの関係を書いていきたい。この三人はいずれも松陰が高く評価した弟子であり、松陰との関わりも深かった。また、お互いに高く評価し合い、政治行動を共にした同志であった。

貴公子・高杉晋作

三人の中で最も身分が高かったのは高杉晋作である。生家・高杉家は、毛利家中の大組士に属する。大組士とは「馬廻《うままわり》」とも言い、戦場では大将の馬の周りを固める騎馬武者で、いざとなれば身を呈して大将を守る役割である。江戸時代の公儀や各領分（藩）の機構は戦国時代の軍を行政組織にしたものなので、大組士は平時の職制としては領主側近ということになる。

大組士は家臣団の中で最上位ではなく、領主の親戚や家老などが属する「上士」身分の下にあり、「中士」と言われるが、二百石の高杉家はその中で最上位に近い家格を誇った。先述の通り九二人の松下村塾生の中には大組士に属する者が三分の一近くいたが、二百石はその中でも最大に近かった。また高杉家は戦国時代からの毛利家家臣であり、代々、小姓、奥番頭など、領主側近として重要な役割を果たし、萩の市中にそれにふさわしい広壮な屋敷を構えていた。そのため領内では石高や階級以上の存在感があった。晋作の父・小忠太も領主側近を務める能吏であった。その嫡子・晋作も生まれながらにして側近の座を約束されており、同い年の世子（次期領主予定者）・毛利定広（一八三九—一八九六）とは学友として近い関係であった。定広が晋作に宛てた書簡には「友」として呼びかける表現がしばしば見られる。要するに晋作は、松下村塾における松陰の弟子の中で最も身分が高く、貴公子的存在であったと言える。

ちなみに松陰の生家・杉家は無給通という階級で「下士」と言われ、石高は二六石であり、高杉家とは比べ物にならない低い身分であった。また、松陰が養子として入った吉田家は高杉家と同じ大組士であったが、石高五七石であった。いずれにせよ、松陰は東北への脱藩行で士籍を取り上げられ、その後の生涯を父・杉百合之助の「育《はぐくみ》」（被後見人）として実家で過ごしたので、大組士としての意識は持っていなかったと思われる。要するに、松陰と高杉晋作の間には明確な身分差が存在したのである。

藩医の家の孤児・久坂玄瑞

身分の高さで三人の真ん中に位置していたのが久坂玄瑞である。久坂家は藩医で、石高二五石であった。身分的には晋作の大組の下の「寺社組」に位置し、松陰よりも高いが、医者は武士社会では傍流であった。外見も頭をそり上げる「僧形」が義務づけられており、玄瑞も死の前年まで僧形であった。

玄瑞は満一三歳の年に家族をすべて失った。わずか七か月の間に母、兄、父が次々と病死したのである。それまで三人の大人に保護された少年だったのに、天涯孤独の身となり、自立を迫られた。久坂家の当主を継ぎ、幼名を「玄瑞」という医者の名前に改めて頭をそり上げ、領分の医学校に入学することになった[*2]。

兄の友人たちの庇護《ひご》を受け、知的に早熟な青年として成長するが、少年期に家族をすべて失った打撃は大きかったであろう。愛する家族が数か月の間に一人ひとり病に倒れ、死んでいったとき、一三歳の少年が味わった絶望は想像を絶するものがある。玄瑞が後に過激な尊王攘夷派の志士として、テロや戦闘に明け暮れる人生を歩むことになったのも、あるいはこうしたことと無関係ではないのかもしれない。事実、玄瑞の志士活動には黒々とした破壊衝動が感じられるのである。

玄瑞は安政四（一八五七）年、松陰の妹・文と結婚する。松陰が半ば強引に進めた縁談で、玄瑞は当初、気が進まなかったと言われる。おそらく松陰には、孤独な少年を大家族の温かさで包もうという善意があっただろう。同時に、際立った才覚を持つ玄瑞を身内に取り込もうとしたことも明らかである。松陰の義弟であることから、松陰死後は事実上の後継者として、塾生のまとまりの要に位置することになった。その一方で、志士活動が本格化してからは、長州に戻った際も、まるで避けるかのように婚家に寄り付かなくなった。

江戸時代には身分違いの結婚には障壁があり、それを乗り越えるために女性が形式的に身分の高い家の養女になってから嫁ぐという手段が用いられた。玄瑞と文の結婚でその種の手段が講じられた形跡がないことから見ても、玄瑞は総じて松陰と同格の身分であったと言っていいだろう。

武家社会の末端・入江杉蔵

三人目の入江杉蔵は、地方組中間という身分の出身である。中間は卒席班（卒分、卒族、軽輩など）と呼ばれる武士の下位身分の一つで、武家奉公人として馬の世話、門番などを務める人々である。卒分に属する人たちは公式の場では苗字を名乗ることはできず、士分の人々からは武士の一員とは認められていなかった。いわば武士と庶民の間に属する人々と言ってもよいだろう。

他領分では一代限りの「渡り中間」も多いが、萩領では卒分に属する世襲身分の中間がいた。いずれにせよ武家社会の末端であり、士分の藩士の従卒や公用の飛脚など雑用係として働いていた。また、下級官吏として書類作成や様々な計算をすることも仕事のうちであった。

杉蔵の実弟は、野村和作（一八四二―一九〇九）と言い、やはり松下村塾生であった。和作が養子に入った野村家は父の生家だが、入江家、野村家ともに貧しく、両家合わせて一つの小屋に身を寄せ合って暮らしていたという。写真が残っているが、掘っ立て小屋そのものである。維新の過程で非業の死を遂げた兄と異なり、和作は生き残って明治を迎え、維新の功臣・子爵野村靖として駐仏公使、内務大臣などを歴任した。

杉蔵は嘉永二（一八四九）年に数え一三歳にして蔵元に出仕したが、これは父が病身のためであり、安政三（一八五六）年には父が亡くなり数え二〇歳で家督を継いだ。少年時代から家計を支えるために忙しく働き、じっくり勉学に打ちこむような暇はなかったが、その中で懸命に学び、剣の修行もした。そうした過程で後の松下村塾生の数人と行き来が生じ、「志ある」若者として松陰の耳にその名が入ったようである。

このように、高杉晋作、久坂玄瑞、入江杉蔵は武家社会の中でそれぞれ上層、中層、最下層に属していた。当時においてお互いの社会的距離は非常に大きいものであった。本章では彼らがどのように関係を結んでいったのかを、連帯を表す自称詞〈僕〉の用法に注目しながら、記述していく。

松陰との出会い

三人の中で最初に松陰と接点を持ったのは久坂玄瑞で、安政三（一八五六）年五月に手紙を書き送っている。松陰は嘉永七（一八五四）年に下田でアメリカ船に密航を企て、入獄を経て安政二（一八五五）年から実家の杉家で幽閉の身であった。もともと玄瑞を保護していた亡兄の友人グループと松陰が近い関係にあり、お互いに名を聞き知っていた。この手紙では外国使節の殺害を主張する玄瑞を松陰がたしなめたことから二か月にわたる往復書簡となり、激論が交わされた。この手紙では〈僕〉が使われ、一〇歳の年齢差にもかかわらず、書生どうしの対等の様式となっている。

松陰はこの頃から杉家の幽室で教育活動を始める。玄瑞がどのように初期の松下村塾と関わっていたのかは明らかになっていないが、翌安政四（一八五七）年の一二月には上述のように松陰の妹・文と結婚し、松陰の身内となった。

高杉晋作は安政四（一八五七）年九月頃から松下村塾に出入りするようになったと言われる。藩校の明倫館でもそれなりの成績を収め、身分の高さもあって傲慢な面もあったが、松陰は晋作に対して玄瑞を褒め、意識させるよう仕向けた。秀才タイプではなかった晋作は、古典や歴史だけでなく当時の政治情勢や国際情勢を学び、今後いかにすべきかを激しく議論する村塾での勉強を刺激的に感じたようだ。領分政府の中枢にあった父・小忠太をはじめとする家族は、大事な跡取り息子が政治犯・松陰の下に出入りするのを警戒したが、晋作は家族が夜、寝静まってから抜け出すなどして通い続けた。このような晋作に松陰は大いに期待した。

入江杉蔵が松下村塾に初めて姿を現したのは二人よりもかなり遅く、安政五（一八五八）年七月であった。杉蔵が領分政府の飛脚として江戸から萩に戻った折であり、数日の滞在で江戸にとんぼ帰りした。萩にいる間、杉蔵は連日のように松下村塾に通い、晋作らと意見を戦わせた。強い印象を受けた松陰は、江戸に向けて旅立つ杉蔵に「杉蔵が素晴らしいと思うのは、国を憂う気持ちが切実で、策は要を得ており、私が及ばないものがあるからである」という敍《じょ》（旅立ちを祝する詩のようなもの）を送った。これ以後、村塾関係者の書簡に杉蔵の名前が登場するようになる。

このときのことを杉蔵の立場から見てみよう。武士社会の末端に連なり、飛脚で江戸と萩の間を往復する任務に就いている自分が、高杉晋作のような領分の幹部子弟と同席し、意見を交わし、師からは賞賛の言葉を送られる。それまでの杉蔵の二〇年余りの人生で、これほど晴れがましい出来事はおそらくなかったはずである。江戸へ向かう杉蔵の胸は、松陰への熱い思いに満たされていたことであろう。

振り返ってみればそれは、杉蔵の人生が決まった瞬間だったと言える。彼はこの後、最晩年の松陰に最も忠実な弟子となり、師の死後は玄瑞・晋作の政治活動を副官として支える役割を担うことになるのである。

松陰と杉蔵兄弟の入獄

杉蔵は一〇月頃に江戸から戻り、弟・和作と共に、松陰の側で動き始めた。その頃、松陰は京都の公卿・大原重徳を萩に招いて討幕の旗印とする「大原西下策」、幕府の老中で勤皇派の取り締まりに従事している間部詮勝を暗殺する「間部要撃策」などのプランを進めていた。当時江戸にいた晋作・玄瑞をはじめ多くの弟子は計画を無謀なものと感じ、松陰と距離を置いたが、杉蔵は各方面への連絡役となるなど、忠実に松陰を支えた。

松陰の活動は長州藩政府にとって頭の痛いものであった。一一月二九日、松陰は自宅厳囚処分となり、さらに一二月五日には野山獄に入るよう命じられた。その夜杉蔵はほかの七人の弟子と共に領分の重役の自宅に押しかけ、居座って師の処分理由を問いただす行動に出た。そのため翌日、自宅謹慎を命じられた。

松陰自身は父親の病気の看病を願い出、入獄を暫時免れたが、いつまでも延期できるものではなかった。松陰は一二月八日、江戸留学中の高杉晋作に書簡を出し、「あなたが早々に帰国される手段はありませんか」と尋ねている。領分政府に顔の利く晋作の助けを求めたかったのではないかと思われる。しかし晋作が帰ってくることはなく、松陰は一二月二六日、野山獄に下った。

その間、杉蔵の弟の野村和作は松陰の指示に従い、京都で大原重徳との接触を図っていたが、領分政府に密告され、萩に帰されたあと、一二月二八日に自宅謹慎となった。兄弟揃って謹慎となってしまったのである。杉蔵は謹慎中にもかかわらず、和作の代わりの人材を京都に送り込むようにとの松陰の指示を実現しようと密かに出歩いたが、候補者に拒否された。

策の尽きた杉蔵は安政六（一八五九）年正月九日、松陰に「今後、勤王などのことは一切口にしません」と、もはや松陰の説く「勤王の道」に従えないと述べた。「私たち兄弟のうち一人はいずれ不孝不忠にも斃死《へいし》（野垂れ死に）してもよいと兄弟で申し合わせました。母親がおり、その面倒を見なければなりませんから、もう一人は天下国家を語らないつもりです」。中間身分の暮らしは厳しく、家族（母親と妹）もいる以上、兄弟二人がともに政治運動に奔走する余裕は到底なかった。弟・和作が国のために活動する一方、兄・杉蔵は家族を守る。それが兄弟の間の取り決めだった。

この頃、松陰は江戸にいた晋作・玄瑞らから「情勢から見て自重すべきだ」という手紙を受け取り、「（彼らと自分との）違いは、僕は忠義をするつもり（なのに対し）、諸友（彼ら）は手柄を立てる（功業をなす）つもりだ（ということだ）」と怒りの手紙を書いた。松陰と杉蔵・和作兄弟の孤立は深まっていた。

正月二五日、兄弟は謹慎を解かれたが、和作はそれから一か月後の二月二四日、松陰の指示に従い脱藩して京都に向かう。間もなく領主・毛利慶親《もうりよしちか》の江戸参府が予定されていた。松陰はこの時点で領主が幕府に従って参府すれば討幕の機会をつぶすことになると考えており、伏見で領主を説得し、京都に向かわせる計画を立てていた（伏見要駕策《ふしみようがさく》）。もともとは杉蔵がその役割に予定されていたが、杉蔵が入江家当主として家族の面倒を見るという考えから、和作がこれに代わった。

しかし、参勤の列を途中で止めようというこの大胆不敵な企ては、反対する村塾生の一部から領分政府に伝わり、萩に残った兄・杉蔵は二月二七日、さらに京都で藩邸に出頭した弟・和作は三月二六日、下獄した。結局二人とも捕まってしまったのである。

杉蔵に死を迫った松陰

兄弟がつながれたのは、松陰が入獄していた野山獄ではなく、その向かいにあった岩倉獄という百姓牢であった。野山獄は士分以上の武士でなければ入れなかったためである。野山獄が独房であったのに対し岩倉獄は大部屋で、衛生状態なども劣悪だった。

また衣食も自弁で、兄弟は母親が紡車で得た金で持ってくる食事で食いつないだ。また、獄中で筆耕（本の書き写し）でわずかな金を稼いで足しにした。

松陰は杉蔵の下獄直後の二月二九日、書簡を送り、「あなたが投獄され、実に悲しいことです。しかし、私はあなたのことを長く悲しんできて、今はかえって喜んでいるのです」と、驚くべきことに、杉蔵の投獄を歓迎する気持ちを書いた。それによると、杉蔵は不朽の大仕事を弟に譲ってしまったが、天はなお杉蔵を不朽にしようとして投獄の運命を授けたのだという。ただ母親は気の毒だが、「二人の子供が不朽ならば、母親も不朽になる」ということであった。正義のためなら家族の犠牲も当然であるという、狂気を感じさせる言葉である。

松陰は三月一一日、杉蔵・和作兄弟の母・満智子にも書を送ったが、「あなたの子供が二人とも捕まったのは気の毒で、私のやり方がよくなかったのかもしれない」と自分の責任を認めながら、「改めて考えてみると、あなたの二人の息子は領主さまのため、また正義のために命を投げ出すのであれば、亡くなった父親にも申し訳は立つでしょう」などと、名誉に思えといわんばかりの書きぶりであった。[*3]

その翌日一二日にはまた杉蔵に書簡を送り、この時期安否が不明であった和作がもし死んだら「僕と君がおめおめ生きようとする理由はない」「もし死んでうらみに思う気持ちが少しでもあるならば、学問に十分でないところがあるということだ」として死の覚悟を迫った。松陰によれば、杉蔵・和作兄弟は松陰とともに死んで「長門の三義死」として天下に唱えられるべきなのだという。

松陰は領主や天皇のため、また「義」のために自分自身の生命を捧げるべきだと考えてきたが、この時期には忠実な弟子である杉蔵・和作兄弟もまた、自分同様に命を捧げるべきだと考えるようになっていた。

松陰は兄・杉梅太郎宛の書簡（安政六年正月一三日付）でも、「自分と杉蔵だけは、（義士として）ぜひ首を斬られるのがいいでしょう」「こうなったら、ぜひ杉蔵に命を捨てさせたい。杉蔵が死んでくれさえすれば、自分が生き残っても、必ず何事かをなしてみせる」と杉蔵の死を望むようなことを書いている。

また同年二月一九日に義弟で友人の小田村伊之助に「杉蔵ら数人が死んだところで、どうして惜しもうか」と書いている。この言葉には冷酷なものがあり、そこにはやはり身分の違いによる軽視があったように感じられる。松陰のような人ですら、そうだったのである。

杉蔵の反発と松陰の謝罪

さすがにたまりかねたのだろう、杉蔵は「長門の三義死」の書簡を受け取った直後、三月一四日に返信して反論した。「先生は入獄を喜ぶべきだと言いますが、私はまったく喜べません。今は罪に問われ、ただ悔いるばかりです。日夜天に向かって号泣し、釈放されることを願っています」「以前、（私は）時事に感激し、憤死して太平の眠りを覚ますべきだと言ったことがありますが、私には老いた母がいます。兄弟で話し合って私は母の面倒を見ることになったのです。私は決して笑って死ぬことなどできないのです。それは（不孝という罪を犯し）天道に背くことになります。和作がもし死んだら、なおさら私は死ぬことはできません」「もし私の言うことが間違っていると言うなら、どうぞ絶交してください」

この書簡で杉蔵は一貫して自分のことを「某《それがし》」と称し、丁寧な語調を崩していない。松陰が杉蔵への書簡で比較的気楽に〈僕〉を多用するのに対し、杉蔵は松陰宛書簡で〈僕〉を使うことはあるものの、一通の書簡に一回程度と少ない。杉蔵も友人相手の書簡では〈僕〉を気楽に使っており、それと比べると、松陰宛の書簡では言葉遣いに師への遠慮が感じられた。しばしば師に対してもぶっきらぼうな筆遣いであった高杉晋作と対照的である。

しかしこの書簡ではへり下りの中に断固とした主張が感じられる。自分たちの状況を理解しようともせず能天気に「死」を求める松陰への憤りがあることは間違いない。

この返信は松陰にショックを与えた。松陰はそれまで、身分の低い杉蔵兄弟は自分に従って一緒に死ぬのが当然だと、無意識に思っていたのであろう。しかし、杉蔵にも自分の思いがあり、家族があり、事情があった。そうしたこと、つまり中間身分の杉蔵も自分と同じ人間だということを正面から突き付けられたのである。

松陰という人物に何か偉大なところがあったとすれば、こうしたときに自分の非を認め、謝罪する勇気を持っていたことであろう。松陰は杉蔵に書簡を送り、「僕の前言の誤りを悔いています。忠臣・孝子、人それぞれの分があります。今後、誓ってあなたの母親への孝心をないがしろにして領主への忠義を強いることはしません」と率直に反省の弁を述べた。

結果としてこの出来事は師弟の絆を弱めるよりもむしろ強めた。わずか数か月のことではあったが、松陰は杉蔵・和作兄弟に読むべき書を勧め、感想をやりとりするなどして二人の教育に努めた。

安政六年五月、松陰の江戸送りが決まると杉蔵は「どうぞ嘘であってほしい。涙が流れます。こんな酷いことがあるとは」（五月一三日付）と嘆き、松陰の出発まで毎日のように野山獄と岩倉獄の間を書簡が行き交った。五月一五日付書簡で杉蔵は「先生どうぞ死なないでください」「私は先生の教えを過分にもいただき、感謝しています。しかし弟子入りして日も浅く、ほかの塾生に比べて教えていただくことも少なかったので、今回のご出発は他塾生の何倍も残念なのです」と別れを惜しんだ。松陰もまた、「あなたが私を惜しむなら、久保（清太郎）・久坂（玄瑞）と三人で協力してください。そうすれば心配することはない」と、松下村塾の中心スタッフである久保・久坂と共に松陰が去った後の村塾を担う役割を杉蔵に期待した。

家庭事情を打ち明ける晋作

松陰や杉蔵・和作が過激な活動のために入獄する中、高杉晋作は親に縛られ、政治活動に参加できないことを引け目に感じていた。晋作は安政六年三月二五日、当時萩にいた玄瑞や中谷正亮らに書簡を送った。そこで杉蔵が入獄したことについて、「心配し、また恥ずかしく思っています。なかなかいない奴です」と書いている。[*4]

続いて「私は実に諸君に申し訳ないです。入獄せず、帰国せず、ただ、書生として日を送っており、諸君に対し恥ずかしく、赤面し、まったく言い訳が立ちません」と苦しい気持ちを述べた。そして、「僕が口で憤るだけで実際には何もできない卑怯者、狡猾《こうかつ》な人間、馬鹿などと」思われるだろうが、「僕の苦しい事情を先ず申し上げます」として、自分の家庭事情を打ち明けたのである。

僕には一人の愚かな父がおり、日夜僕を呼びつけて俗論を聞かせています。僕も俗論とは考えますが、父の事なので、何とも仕方がありません。恥ずかしく、また残念に思いながら諸君と交わってきたのです。なおまた、先だって死んだ祖父なども何事につけて僕を呼び、どうか大それた事をしてくれるな、お前のお父様の役職に関わるからと申し付けるので、松下村塾へ行く際もひそかに行っているぐらいなのです。

村塾の仲間とともに行動したいという気持ちと、家族の桎梏《しっこく》との板挟みになり、苦しむ晋作。晋作は、「愚父も来年中には僕を萩に帰すつもりのように見え」るので、国に戻ったら「皆さんと一緒に塾を開いて、読書や、松陰先生の釈放について議論したいと考えています」と言う。

名家に生まれた晋作は、もともと身分意識・特権意識の強い人物であった。晋作と村塾の仲間たちには、本来ならば気安く話をすることもできないぐらいの立場の違いがあった。晋作が「なかなかいない奴」と褒めた入江杉蔵に至っては中間身分であり、そもそも晋作のような高位の者が同じ武士の仲間と見なしたり、まして友人になったりすることなど決してなかったはずの相手である。

しかし、村塾で共に学び、領分や日本の未来を巡って議論を交わし合う日々は、身分社会の高い壁を乗り越えさせた。そこに生まれた対等の関係を象徴するのが〈僕〉という一人称であった。晋作が村塾の仲間たちに、毛利家中で知らぬ者のない名家である自分の家の内情を切々と打ち明ける文章には、そうして築かれた友情への信頼と、だからこそそれを失いたくないという心情がうかがえる。

玄瑞に友情を求める晋作

晋作はこの書簡の六日後の四月一日に、今度は久坂玄瑞一人に宛てて書簡を送った。そこでは久坂のことを「僕には到底届かない、頼りになる人と思い、兄弟の契《ちぎ》りを結びたいと思っていましたが、これまで一度も口にできませんでした」と、久坂に熱い友情を感じていることを打ち明けた。

> 僕も一人の兄弟もなく、常に心細く思っています。だから最近も読書などに疲れて天下の事を案じ、また御国（萩領）の事はどうなったかと思う折りに、あなたの顔が目前に見えるように思います。

晋作には妹が三人いたが、男兄弟はいなかった。一方、前述のように、玄瑞にはかつて兄がいたが、兄を亡くし、両親も失って天涯孤独の身の上であった。「兄弟の契り」を結びたいという晋作の言葉には、そんな背景があった。

晋作には勇猛果敢な豪傑のイメージがあるが、ここでは広大な屋敷に少年一人、孤独をかみしめながら、周囲の期待に押しつぶされそうにして生きてきた晋作の一面がのぞいている。だからこそ兄弟のような親友を求める気持ちは強く、玄瑞はそんな気持ちに応えられる存在と映ったのである。玄瑞は照れたのかなかなか返事を出さなかったが、五月二四日付の返信で「お言葉実に嬉しく、僕を未熟者と見なさず、兄弟のように言ってくださり、読んだ際、実にありがたく思いました」と書いた。

晋作と松陰

安政六（一八五九）年五月、松陰が江戸に送られ、七月に小伝馬町の獄に入ると、江戸にいた晋作は中心となって救護の役割を担った。外部との文通は禁止されていたが、非公式の手段で頻繁に手紙が交わされ、獄を生き抜くために不可欠の金などの差し入れが行われた。松陰は書簡を通じ、晋作の人生相談にも答えていた。

安政六年七月中旬の晋作宛書簡で松陰は、晋作から寄せられた「僕は今どうしたらいいのでしょうか」とストレートに生き方を問う質問に対し、「（江戸）遊学が終わったら結婚・仕官はひたすら父母のお気持ちに任せること。もし領主のお側に仕えるなら深く精忠を尽くし、信頼を得ること。その後、正議正論（＝尊王攘夷）を主張し、敗れたら身を引いて学を修めれば、一〇年後には再び機会が回ってくるのではないか」と答えた。この答えは晋作が領主の側近となる家柄の若者であることを踏まえ、松陰なりに現実的なシナリオを描いたものであった。

松陰は以前、晋作宛の書簡で「杉蔵の考えは僕と同じだと思う。それ以外の若手はあなたの自由に使ってほしい」と書いたことがあり、杉蔵を高く評価する一方、萩領の中枢で活躍できる晋作が他の松下村塾生をスタッフとして使うことを考えていたことがわかる。これはその後現実に起きたことをかなりの程度言い当てていた。

松陰と連絡を取り合う晋作の暴発を恐れた江戸の長州藩邸と国元の親たちによって晋作の帰国が決まり、晋作は一〇月一七日江戸を発《た》った。松陰は一〇月七日付の書簡で「僕の今回の災厄は、あなたが江戸にいたおかげで、非常に幸運でした。ご親切にいつまでも感謝しています」と晋作の尽力に深く感謝し、村塾の主な弟子たちの名前を一人一人挙げて、晋作の助力を要請した。

このとき、松陰はまだ自らの死が迫っていることを知らなかった。しかし、晋作の江戸出発から一〇日にして、松陰は処刑された。晋作がそれを知ったのは、一一月一六日、萩に着いたときのことである。そのときから数年をかけて晋作は、従順な名家の御曹司から大胆不敵な政治活動家へと変貌を遂げていくことになる。晋作は松陰の生前、政治活動に参加することはなかったが、後には萩領の尊王攘夷派を代表する存在となる。その傍らには常に村塾の仲間があった。特に玄瑞や杉蔵とは共に認め合う同志となったのである。

松陰と晋作の関係は、あくまでも二人の間の身分差を踏まえたものであった。松陰は高位の者に対する敬意を払って晋作に接し、晋作の将来についても、晋作が高位者であるがゆえの期待を持っていた。その一方で、晋作も師を慕い、生き方の指針を求めた。二人の書簡には共に心の秘密をさらけ出すような内容が見られ、その関係は深い共感と理解に基づくものであった。その意味において、身分差にもかかわらず、二人の関係はあくまでも対等なものであったと言える。その基盤になったのは学問上の師弟関係であり、「共に学ぶ仲間」としての絆であった。師弟の間で飛び交った〈僕〉は、その本質的な対等性を示すものだったのである。

松陰の死

安政六（一八五九）年一〇月二〇日、数日後の処刑を覚悟した松陰は、萩にいる弟子の中では唯一杉蔵に二通の書簡を送った。その一通には「日夜西の方を向いて父母を拝むほかには、第一にあなた方兄弟のことを思っています」「あなたと久坂（玄瑞）だけを頼りにしています」と杉蔵へ寄せる思いがつづられていた。またもう一通には「今回私一人が死んで、大原重徳公とあなたに累が及ばなかったのは天下の幸いですが、あなたも今後の死に場所を考えるのがよいでしょう」と書かれていた。

松陰が同日に江戸にいた弟子（飯田正伯・尾寺新之丞）に送った書簡によると、松陰は江戸での調べに際し、彼の指示に従った杉蔵・和作らの名が口上書に残らないよう奉行に頼み込んだ。松陰はこのようにして自分の死に杉蔵らを巻き込まないように努め、杉蔵との約束を守ったが、同時に杉蔵に「今後の死に場所を考えるように」と言い残したのである。考えようによっては、自分の死に直接に巻き込む以上に、杉蔵に重い宿命を負わせることになったとも言える。

玄瑞と杉蔵の友情

松陰は江戸に護送される際、久保清太郎と久坂玄瑞に入獄中の杉蔵兄弟のことを託した。積極的に世話役を買って出たのは玄瑞であった。杉蔵と三歳年下の玄瑞の間をしばしば書が行き来するようになる。杉蔵は安政六（一八五九）年九月二三日付書簡で玄瑞に、「私はこれまで何も成し遂げたことがありません。生き残ったら、一度思い切ったことをするつもりです。今のそのために自分を鍛えるだけです」と書いた。松陰に連座する不安とともに、生き残ったら何かを成し遂げたいとの気持ちを吐露したのである。また、獄中で明清の歴史を読むなど、勉学への旺盛な意欲も示した。[*5]

これに対し、玄瑞は九月三〇日付杉蔵宛書簡で「心術を鍛錬し生死を脱離する」ために陽明学を学ぶことを勧め、「今年は中国の沿革や様々な国の情勢に注目すべきでしょう。来春からは王（陽明）学に入りたまえ。僕も時間を作って（王陽明の）伝習録を読むつもりです」と書いた。

あなたは入獄中なので尚更儒教を勉強し、名士たちの後を追ってください。これが僕の願いです。

各学派の特徴や学者の名前を列挙したうえでの熱心な勧めは、杉蔵に響いたらしい。杉蔵は一〇月一五日付の返信で、

僕に陽明学を勧めていただきありがたく、僕はあなたの気持ちがわかりました。しかし僕はこれまで、儒教の本はまるで手に取ったことがありません。僕は小さ

い頃から、儒学の先生が役にも立たない話をするのが気に食わず、自分は決してその真似はしないつもりです。（だから、実践を重んじる）陽明学が僕の考えにはとても合いました。

と書いた。政治に携わる望みのない卒分の下級武士の間では、仕事に役立つ読み書き算盤はともかく、支配者の哲学である儒学の勉強は一般的ではなかった。杉蔵がこれまで儒学を学ばなかったのは、そうした事情もあっただろう。それだけに秀才として知られる玄瑞に「名教を維持すべし（名士たちの後を追ってください）」などと言われて面映《おもは》ゆくも嬉しかったのではないだろうか。

杉蔵はこれまで、玄瑞宛書簡でも松陰宛と同様、〈僕〉を使うことは一通に一回程度と少なかった。ところがこの書簡の上記引用部分ではあふれ出るような勢いで〈僕〉を繰り返し使っており、玄瑞に心を開いたことがわかる。二人の青年の間で今まさに友情が花開こうとしていた。

杉蔵はこの書簡で「僕が学に志したのは一五の暮れの事、一三の歳から蔵元の役人となったので、志を立てても思うように本が読めませんでした。（中略）松陰師を欽慕したのは安政四年頃（＝松陰が米艦に密航を企てた）からでしたがお会いしたのは去年の冬で、早々とお別れすることになり、本当に悲しかった。だから、あなたが色々とアドバイスしてくれて、僕はとても嬉しいのです」（大意）と書いている。杉蔵の旺盛な向学心に玄瑞が応えたことが、二人の友情の基盤となったのである。

玄瑞は領分政府にも杉蔵兄弟の釈放への働きかけを熱心に行っている。しかし、彼らが釈放されたのは、桜田門外の変（安政七（一八六〇）年三月三日）で松陰らを弾圧した井伊直弼が殺害された後のことであった。

杉蔵の志士活動の挫折

約一年の入獄を経て赦免された杉蔵は、当初の予定通り家族を養って静かに生活しようと、仕事を探した。玄瑞も杉蔵の「潜伏」に賛成した。杉蔵はその年の九月には領内の産物を江戸に運ぶ仕事に就き、一一月には江戸に到着している。それからしばらくは江戸で過ごし、大晦日には玄瑞と行徳に出かけ、翌文久元（一八六一）年一月には一緒に相撲を見ている。二月末に帰郷する際には共に松陰の墓参りをし、久坂邸に二泊した。*6

杉蔵が玄瑞と最も近かったことは明らかだが、滞在中の一月二七日には、松陰の親友であった桂小五郎（後の木戸孝允）や他の松下村塾生らと松陰の墓参りに行ったりもしている。塾生たちは毎月二七日の月命日に松陰の墓参りをしており、これが江戸に出た塾生たちが結束を確認する機会になっていたようだ。

このときの墓参りに参加したのは大組士の桂、士雇（元来庶民であったが士として領分に雇われている身分）の時山直八、中間身分の品川弥二郎、伊藤利助（後の伊藤博文）、杉蔵、そして藩医身分の久坂玄瑞であった。これほど幅のある身分の人々が対等の立場で一緒に行動したのだから、当時の江戸でも人目を引いたのではないか。士分であった桂、時山、玄瑞の三人と、中間身分の三人とでは服装なども違い、また以前書いたように、玄瑞は医者の印として頭をそり上げていた。また、玄瑞の知人であった河本壮太郎（越後の医師で、翌年に坂下門外の変に参加）も参加しており、死後一年余にして、松陰が他領の人々をも引き付けるアイコンになっていたことを示している。

杉蔵は萩に戻った後、四月頃からは高杉晋作の屋敷に連日のように通った。この頃、杉蔵以外にも数人の村塾関係者が晋作の屋敷に集まり、時事を論じていた。晋作の父・小忠太が出張でいなかったためでもあり、小忠太が帰ってくると集まりは他のメンバーの家に移り、晋作が江戸に発つ七月頃まで続いた。

杉蔵はその年の一一月に山中の岸見村の関門に職を得て、母・妹と官舎に移り住んだ。これは卒分の者にあてがわれたささやかな仕事で、ようやく希望通り、家族と静かな生活を送れるようになったと思われた。一二月一日には、萩に戻っていた玄瑞が中心になって、毎月写本を一人六〇枚ずつ行い、活動資金に充てるという「一灯銭申合《いっとうせんもうしあわせ》」に名を連ねている。仲間の活動をささやかながら支えようとしたのであろう。

翌文久二（一八六二）年になると、情勢がにわかに緊迫してきた。この頃、鹿児島領主の父である島津久光が兵を率いて上京することが決まった。志士の間では、これが尊王攘夷のためであると理解され、呼応して行動を起こそうという動きが活発になった。杉蔵も何度か萩に呼び出されている。政治運動への参加を打診されていたのかもしれない。謙虚な人柄ながら有能で冷静な判断ができる杉蔵は、玄瑞や晋作にその能力を見込まれていた。結局三月の下旬に母に志士活動復帰の許しを得、そのまま京都へと向かった。杉蔵が出奔したので、母と妹は官舎にとどまることができなくなり、知人の世話で引っ越したという。

この頃長州や土佐などの志士は久光の上京に合わせて公儀の京都所司代などを襲撃する計画を建てていた。杉蔵は玄瑞らとともにこの計画に参加し、長州の京都藩邸で待機していた。

ところが実際は、久光は過激な攘夷には反対であり、四月二三日、伏見の旅館・寺田屋に集まっていた鹿児島領の尊攘派志士を粛清してしまう（寺田屋事件）。玄瑞らの計画も当然中止となった。杉蔵はその後もしばらく活動を続けたが、八月には京都を去って帰郷、岸見関門の仕事に復職した。それからしばらく、杉蔵は母や妹と官舎で静かな生活を送る。

過激化する晋作と玄瑞

一一月頃、玄瑞は領分政府の命令で江戸に赴き、高杉晋作と合流した。晋作はその頃、横浜で外国公使を襲撃・殺害する計画を建てていた。その計画を無謀だと批判した玄瑞と晋作の間に激論が交わされた。晋作は「久坂は、僕らの今回の挙を阻止しようとしている。僕は一刀の下に彼を打ち果たす」と刀を抜いて息巻いた。久坂も「斬れるなら斬れ」と応酬、一触即発の危機であったが、金策に走り回っていた志道聞多（後の井上馨）が止めに入り、どういうわけか、結局は久坂も襲撃に参加することになった。松下村塾生を中心に実行を目指したが、計画を知った世子・毛利定広らから止められ、中止となった。[*7]

しかし晋作や玄瑞の勢いは止まらなかった。「百折不屈、夷狄《いてき》を掃除し、上は叡慮《えいりよ》を貫き、下は君意を徹する」ことなどを謳った血盟書を作り、晋作・玄瑞を筆頭に松下村塾生や交流のある志士たちが署名した（御楯組《みたてぐみ》血盟）。国元の同志にも回され、杉蔵の弟の野村和作も署名しているが、杉蔵は署名していない。志士活動からは身を引くつもりだったのかもしれない。

その後、一二月一二日には晋作・玄瑞を中心にした十数人のグループが品川に近い御殿山に建設中のイギリス公使館の建物を焼き討ちし、全焼させた。逃走した後、彼らは芝浦の妓楼《ぎろう》で燃え上がる建物を眺めながら酒を呑《の》んだという。

杉蔵の志士活動の本格化

文久三（一八六三）年一月、杉蔵は「吉田松陰に従い尊攘の大義を弁じ」たとして士分に抜擢《ばってき》された。弟の野村靖（和作）は、このときのことについて、「かつて自分たちを蔑視した者がおべっかを言い、近づきたがらなかった者がやってきて、無沙汰を詫びた」という。松陰に従って入獄したことなどで世間からつまはじきにされていた杉蔵や家族の喜びは大きかった。しかし、杉蔵にはその裏腹に、悲痛な思いをも感じていた。祝宴の後、寝床で涙を流しているところを親戚の女性に見られた杉蔵は「お母さんがとても喜んでいるのを見て、今度はひどく悲しませることになるだろうと思うと痛ましく、耐えられないと言ってまた泣いた」という。[*8]

士分への抜擢は、志士活動を前提としたものであることが明らかであった。それまで家族への思いと志士活動との間で揺れてきた杉蔵だが、遂に母の下から離れ、志士活動に専念することを余儀なくされたのである。それは死の予感をも伴うものであった。

杉蔵は二月七日に結婚しその三日後には上京した。慌ただしい結婚は、おそらく自分が死んだ場合に養子を迎え、家の継続を図るためであっただろう。久坂玄瑞が萩にいる妻・文に送った二月二五日付の手紙には「九一（杉蔵）も此内上京先々力を得候ここちいたしまいらせ候」（杉蔵も上京してきて、力を得た思いだ）とある。

上京した杉蔵は、三月二〇日頃、晋作が何事かを決意して作った「血盟書」に率先して署名している。趣旨は明らかではないが、当時京都にいた将軍・徳川家茂の襲撃計画との説がある。[*9] 領分政府が計画を危険視して晋作を帰国させたため、計画は実施されなかった。

将軍家茂は五月一〇日を「攘夷期限」として奏上した。すでに通商が行われている中、公儀としては尊攘派の志士たちの運動の圧力もあって、しぶしぶ設定したものであったが、玄瑞・杉蔵ら長州の志士たちは攘夷を決行しようと一斉に下関に向かった。

玄瑞が指導する彼らは下関の光明寺に駐屯、尊攘派公家の中山忠光を盟主とし、「光明寺党」と呼ばれた。五月一〇日には現地責任者の惣奉行《そうぶぎょう》の制止を無視して関門海峡を通過するアメリカ商船を砲撃、二三日にはフランス軍艦、二五日にはオランダの軍艦を次々と砲撃した。玄瑞は戦果を朝廷に報告するために上京し、杉蔵は六月一日から惣奉行の軍議に参加するようになった。その日、アメリカ軍艦が報復のために来襲、長州の保有する数少ない軍艦のうち二隻を撃沈、もう一艦も大破した。また五日にはフランス軍に大敗した。

この危機に対応するため、領分政府は高杉晋作を起用。晋作は卒分や陪臣など身分を問わずに起用する奇兵隊を創設した。杉蔵は奇兵隊でも最高幹部として遇された。晋作と杉蔵の関係について野村靖（和作）は、当時高杉は眼中に人なき勢いだったが、兄の進言はよく取り入れた。兄もまた高杉に接する時は丁寧であった。高杉は豪快で識見が高く、誰もが遠慮していたが、兄は常に高杉に注意をし、反省させることができた。兄がどれだけ重んじられたかがわかる。

と振り返っている。広壮な屋敷に育ち、代々領分の政治の中枢に参画する一族の嫡子である晋作と、掘っ立て小屋で育ち、わずか数年前には飛脚の役をも務めていた杉蔵。武士社会の頂点と底辺に属していたとも言える二人の身分差を考えるとき、同志としての二人の関係には驚くべきものがある。

八月一八日、政変があり、萩領は京都から事実上追放された。それからの杉蔵は、玄瑞の副官として、萩領の京都復帰のために働くことになる。忙しい間を縫って一〇月には一〇日ほど萩に戻り、母、妹、新妻と過ごすが、これが家族との最後の時間となった。

杉蔵と玄瑞の最期

元治元（一八六四）年、杉蔵は、前年の政変で京都を追われた萩領が奪還を狙って挙兵した禁門の変に久坂玄瑞とともに参加した。七月一九日、玄瑞と杉蔵の部隊は堺町御門を守る越前福井領との戦いに敗れ、鷹司邸に侵入、玄瑞はそこで自害を決意し、一方杉蔵は脱出して再起を図ることとなった。杉蔵の弟・和作（野村靖）は兄の部下であった河北義次郎の証言として、そのときの様子をこのように書いている。

久坂は杉蔵と別れようとするに当たり、悲憤の涙を流した。杉蔵はこれを見て微笑み、甲冑の間から櫛を取り久坂に向かい「あなたの髪はずいぶん乱れていますね。僕がとかしましょう」と言った。

〈僕〉という言葉が結んだ親友に今生の別れを告げるとき、杉蔵が口にしたのもやはり〈僕〉であった。杉蔵は、泣いている玄瑞の髪をとかしながら何を思っていたのだろうか。玄瑞との友情に殉じ、家族との平穏な生活を捨てて死地に赴いたことへの悔いはあったのだろうか。

その直後杉蔵は、裏門から槍を構えて吶喊《とつかん》、何人かの味方を逃がし、自分も脱出を図ったが、福井領兵に眼を突かれ、落命した。数え二九歳であった。

その後の晋作

晋作は玄瑞・杉蔵の死後、三年足らずを生きた。玄瑞は毛利家の家臣団の中で比較的地位が低く、傍流の医者身分であったこともあって、低い身分の志士たちを代表し、過激な行動により萩領の尊王攘夷路線をリードしたのに対し、身分の高い晋作は萩領の組織の中に足場があり、生まれながらの影響力と、村塾以来の尊攘派志士との関係の両方を持つ有利さがあった。

禁門の変により京都市街の主要部は焼失し、萩領は朝廷・幕府から追討される立場になった。領内でも公儀に恭順を誓おうとする保守派が台頭《たいとう》したが、晋作は不利と見るや領外に逃げるなど大胆な行動力を発揮しながら、局面を打開していった。その際に軍事力として頼りにしたのは村塾生を中心に、御楯組血盟→光明寺党→奇兵隊とつながってきた志士の人脈であり、中核をなすのは村塾生の卒分出身者である伊藤利助（博文）、山縣狂輔（有朋）、野村靖之助（和作）、品川弥二郎らの下級武士であった。晋作と彼らの身分を超えた連帯が、萩領が維新の勝利者となる鍵を握っていたのである。

しかし、それは晋作が身分意識、特権意識を完全に捨てたということではなかった。元治元（一八六四）年一二月、公儀に恭順する方針の領分政府に対抗し、晋作は奇兵隊などの諸隊を挙兵させようとした。それに対し、当時の奇兵隊総督であった村塾出身の赤根武人は領分政府との話し合いを主導していた。そのとき晋作は「武人はただの大島郡の土民ではないか。どうして国家の大事や藩主・世子の危急がわかるだろうか。君らは自分を何だと思うのか。自分は毛利家三百年の代々の家臣だ、武人のような一土民とは比べ物にならない」と酒の勢いも借りて自らの家柄を誇った。

赤根武人は陪臣の養子として侍身分を獲得していたが、もともとは周防柱島の村医者、つまり民間の医者の子であり、百姓身分だった。その場は村塾出身の諸隊幹部が多くいたが、しんと静まり返り、晋作の説得に乗る者は誰もいなかったという。[*10]

ときにそうした強烈な身分意識・特権意識を発揮することと、村塾の仲間と〈僕〉を使って対等に意見を交わし合うことは晋作においては矛盾しなかった。政治的にも社会的にも大きな過渡期にあった幕末維新期には、身分に関する様々な意識がグラデーションを描きながら変容していった。高杉晋作という一人の人物を見ても、時と場合によって様々な意識が混じり合った形で見られるのである。[*11]

晋作は明治維新の成立を見ることなく、慶応三（一八六七）年に結核で世を去った。

身分社会の崩壊と〈僕〉

江戸時代の身分社会が明治以降の近代的な社会に移行するにあたり、いわゆる「四民平等」などの脱身分化が行われたが、それは決して唐突に行われたわけではなかった。その背景には、江戸時代を通じ、学問などの場における身分にこだわらない男性どうしの関係が持たれ、それがしばしば公儀や領分の枠をも超えて全国的なネットワークをなしていた事実があった。そうした場の対等性を表していたのが〈僕〉という自称詞であった。

明治維新の過程ではそのネットワークが活性化し、下級武士層を中心とする志士活動となって現れた。中でも吉田松陰の弟子たちのグループ・松下村塾党は志士活動の一つの中心であるが、そこでは身分を超えた男性どうしの同志関係がメンバー間の絆を強めていた。本章で扱った三人の志士の関係を見ると、〈僕〉という言葉は、そうした絆を象徴し、しばしば促進・強化する働きを持って使われていたことがわかる。

明治時代、福沢諭吉の「天は人の上に人を造らず、人の下に人を造らず」という言葉が広まり、学問が出世の手段として脚光を浴びるなか、〈僕〉はまさに時代を象徴する言葉として、幅広い男性の間に普及していくことになるのである。

＊1　海原徹著『吉田松陰と松下村塾』（ミネルヴァ書房、一九九〇）のリストによる。村塾生の身分などもこのリストに依った。

＊2　一坂太郎著『久坂玄瑞――志気凡ならず、何卒大成致せかし』（ミネルヴァ書房、二〇一九）

＊3　この書簡を満智子は誰にも見せなかった。明治になって満智子が死んだ後、息子・野村靖（和作）が発見したのだという。満智子はどんな気持ちでこの手紙を読み、そして誰にも見せないまま保管していたのだろうか。

＊4　一坂太郎編、田村哲夫校訂『高杉晋作史料』（マツノ書店、二〇〇二）

＊5　久坂玄瑞と入江杉蔵の間の書簡は、一坂太郎、道迫真吾編『久坂玄瑞史料』（マツノ書店、二〇一八）による。

＊6　入江杉蔵の伝記的事実については入江遠編『入江九一資料集』（楽、一九九四）に多くを依拠している。

＊7　中原邦平編述『井上伯伝　巻之一』（中原邦平、一九〇七）

＊8　入江杉蔵の弟・野村靖（和作）の回想は野村靖著『追懐録（復刻版）』（マツノ書店、一九九九）による。

＊9　青山忠正著『高杉晋作と奇兵隊』（吉川弘文館、二〇〇七）

＊10　天野御民「長州諸隊略歴」（日本史籍協会編『野史台維新史料叢書　37（雑　5）』（東京大学出版会、一九七五））

＊11　思えば、ほんの数年前であれば、高杉晋作が自分と赤根武人の家柄の違いをわざわざ説明する必要などなかったはずである。そもそも一年余り前に奇兵隊を作り、身分を問わずに人材を登用したのは晋作だった。時代の変化はあまりに急激であり、変化を促進した一人である晋作自身、戸惑っていたのだろう。

第5章

〈僕〉の変貌

――「エリートの自称詞」から「自由な個人」へ

介子《ともこ》に
いつの日か、このノートが君の手で開かれるだろうか、ゆくりなく僕はこれをかきつづけて行こう。
昭和十九年九月三日
（学徒兵・宮崎龍夫が知人の将校に託したノートの一部。介子は婚約者の名。宮崎は東京大学理学部人類学科の学生で、一九四四（昭和一九）年六月に入営。一九四五（同二〇）年七月二〇日マニラ東方で戦病死した。二六歳だった）*1

下級武士が中心となった革命

明治維新は下級武士の革命だった。

長い平和が続いた江戸時代には教育が普及し、社会や政治のあり方を論じる儒学や日本の伝統的なあり方を研究する国学などが、足軽などの武士社会の末端や、富裕な商人、庄屋・名主などの上層庶民層まで広がった。その結果、彼らは社会や政治のあり方、日本の歴史などを知り、広い視野を持つようになったが、身分社会のため、それを生かす道は閉ざされていた。

下級武士に用意された仕事といえば、上級武士の従者を務めたり、行政組織の末端で書記、倉庫の出納係、門番や馬の世話をしたりといった比較的単純なものに限られていた。足軽や中間《ちゅうげん》などの下級武士は、人数から言えば上級武士よりも圧倒的に多かったから、何百年も変わらない身分社会に対して、表に出ない不満は非常に大きかった。

黒船来航以来の社会の動揺は、そんな鬱積《うっせき》したエネルギーに火をつけた。我こそはと思う下級武士の若者たちは「志士」となって活発に動き始める。「尊皇攘夷《そんのうじょうい》」を旗印とした政治活動に加わり、ときには暗殺やテロ行為に携わった。彼らの一部はやがて徳川の権威を否定するようになった。その根底には、それまでの固定的な身分社会を変革し、自分たちが実力を発揮できる社会を生みだそうとする思いがあったと思われる。

とはいえ、明治維新の過程では、下級武士たちが自分の属する領分（藩）の領主に表だって反抗するようなことはなく、むしろ彼らは領主や家老などの上層部を立て、領分の既存の組織や軍事力を背景にしながら、少しずつ自分たちの活躍の場を広げていった。明治維新が「徳川幕府VS薩摩・長州」といった構図で語られることが多いのはそのためだ。

上層部の方でも彼ら下級武士のエネルギーを利用しながら、中央の政治で少しでも有利に事を運ぼうとした。江戸時代、領主をはじめとする上級武士たちはいつも多くの従者に囲まれており、自由に行きたいところへ行き、会いたい相手と会うようなことは難しかった。幕末のような激動期の政治活動では行動の自由が利く下級武士の方が有利な面があり、上層部は彼らを必要としていた。

活動力にあふれた下級武士出身の「志士」たちと領分などの組織を動かせる立場にあった上級武士たちが協力し合える背景となったのが、彼らの持つ儒学などの共通の教養であった。この時代の武士の多くは、身分にかかわらず、学問を学ぶ「書生」としての一面を持っていた。彼らは藩校や私塾などで顔を合わせ、書生どうしとして議論を交わしたり交流したりしていた。そんな経験が、身分を超え、ときには領分の所属をも超えて、対等の立場で語り合うことを可能にしたのである。それを象徴するのが、儒学由来の自称詞〈僕〉が表す対等の関係だったことは、第4章で示した通りである。

上級武士と下級武士は公儀が倒れるまで協力し合っていたが、明治維新が始まると、同床異夢は崩れた。薩摩・長州・土佐などの領分でこれまで政治活動の現場を担当してきた者たちが新政府に集結した。鹿児島領（薩摩藩）の最高実力者だった島津久光は、最後まで自分が新しい政権の中核を担うと考えていたが、かつて臣下であった西郷隆盛や大久保利通らが主導する新政府が打ち出した廃藩置県によって権力の基盤を崩され、激怒した。抗議として一晩中花火を打ち上げさせたが、できたのはそれだけだった。実権は瞬く間に新政府の中心を担う元下級武士らの手に握られ、旧領主らは閑職に就くか、隠居生活に追い込まれたのである。

明治時代の教育の普及

このように、明治維新成立の背景には教育の持つ連帯の力が大きく働いていた。幕末までに、多くの領分では、藩校を頂点とする教育ネットワークが人材を登用するための登竜門としての役割を果たすようになっていたから、明治政府で活躍した者たちの多くは、藩校や私塾でその能力を見出され、表舞台へと引き上げられた経験を持っていた。明治政府が教育を普及させ、それを通じて国家の発展に必要な人材を選抜・育成しようとしたのは、そうした彼らの経験を直接反映したもので、自然な成り行きだったと言える。

教育と深く結びついた自称詞である〈僕〉を使うのは、幕末の時点では武士と一部の、上層の農民や町人、文化人などに限られていた。しかし明治時代には徐々に身分を超えて普及していくことになった。それが教育の普及と歩調を合わせたものであったことは間違いない。教師たちの多くは江戸時代に教育を受けた元武士（士族）の青年たちであり、〈僕〉は彼ら自身の言葉であった。子供たちは教師の言葉遣いを真似し、また教師たちもしばしば〈僕〉を使うように子供たちに促したと見られる。後には教科書にも〈僕〉が採用され、男子の児童・生徒が教室で使うべき公式の自称詞として権威づけられていくようにもなったのである。

『安愚楽鍋』の〈僕〉

明治四、五（一八七一、一八七二）年に発行された仮名垣魯文《かながきろぶん》の『牛店雑談　安愚楽鍋《あぐらなべ》』*2は、当時の最新風俗であった牛鍋店に集まる人たちを風刺的に描写した戯作《げさく》本である。登場する様々な身分の男女の中には、〈僕〉を使う男性が四人登場する。一人が西国から上京してきた若い侍、一人がかつて江戸屋敷に勤めていた旧領分の役人であり、あとの二人は出自がわからない文人である。維新直後の東京において、自称詞〈僕〉が侍と文人の言葉としてイメージされていたことがわかる。

中でも興味深いのは、「鄙武士《いなかぶし》」である。「としごろは三十ばかり、いろあくまでくろいこの侍は、薄汚れたみすぼらしい格好をしているが意気軒昂で、酔っ払って「大きなどすごえ」で「衣は骭《かん》に至りイ、そではア腕にいたるウ腰間秋水。鉄を断《きる》べしイ。人触れば人を斬《きる》。馬ふるれば馬をきるウ」などと漢詩をがなっている。

この漢詩は頼山陽が薩摩武士の気質を歌った「前兵児謡《ぜんへこのうた》」であり、鄙武士が薩摩から上京してきたことを示している。牛鍋屋でボロボロの着物を着て刀を差した田舎侍が「女子《をなご》酒エもてこずかイ（おなご、酒を持ってこい）」などと我が物顔にふるまい、「人を斬る、馬を斬る」などと物騒な内容の詩を大声でがなる光景は、戊辰《ぼしん》戦争の記憶が生々しい当時の世相を反映している。店にとっては迷惑な客だが、「勝者」である薩摩の武士であるだけに、追い出すわけにもいかず、扱いに困ったことだろう。

明治の初年には維新の勝者となった西国の諸藩から、この鄙武士のような若者が「御親兵」や「邏卒《らそつ》（巡査）」などとして大挙して上京してきていた。彼らの存在も、〈僕〉の江戸庶民への普及にいくらかは寄与したのだろうか。

河竹黙阿弥の歌舞伎台本

明治時代前半に、自称詞〈僕〉がどのように社会に広がっていったか。それを知る格好の資料になるのが、河竹黙阿弥《かわたけもくあみ》（一八一六—一八九三）の歌舞伎台本である。

黙阿弥は、幕末から明治前半期にかけて歌舞伎界を代表する台本作者として活動し、「河内山と直侍」「三人吉三」「白浪五人男」など、現在でも盛んに上演される多くの名作を生みだした。生涯に三六〇点とも言われる膨大な作品を書いたが、その主なもの百数十点が大正時代に出版された『黙阿弥全集』[*3]に収録されている。

黙阿弥の作品は、江戸時代から明治にかけての話し言葉を知る上で貴重な資料である。江戸時代には文章語と話し言葉の差が大きかったが、録音技術はなかったから、話し言葉が保存されているのは、草双紙と言われる当時の小説などの会話の部分や、歌舞伎などの舞台の台本だけである。中でも歌舞伎にはありとあらゆる身分の男女が登場し、様々な状況で会話を交わしているので、流行語なども含め、当時の生きた会話を知ることができる。

そこで『黙阿弥全集』を調べてみると、二〇作品に〈僕〉を使う人物が合計四一人登場していることがわかった。

黙阿弥は、明治維新以前の作品では〈僕〉を用いなかったようである。[*4] 江戸時代には〈僕〉がまだマイナーな言葉で、歌舞伎の世界観とも合わなかったためではないかと思われる。幕末期に〈僕〉を使うのは、教育を受けた武士と一部の文化人に限られていた。歌舞伎で武士を扱った作品は「時代もの」と言って、忠義の世界に生きる、どちらかと言えば古めかしい武士像を描くものが主である。「忠臣蔵」などが典型的だ。〈僕〉は教育の普及と結びついた、どちらかと言えば新しい言葉なので、歌舞伎に登場する武士像とは合わない。

一方、庶民の世界を描く「世話もの」に登場するのは、遊郭やその周辺で生きる人たちが主で、義理や人情、恋愛の駆け引き、金やそれに絡む犯罪などが主題である。〈僕〉を使うような文化人は（実際には彼らも遊郭の周辺にいたのだが）、芝居の登場人物にはなりにくかった。

黙阿弥作品の〈僕〉——教育との関わり

しかし時代が変わり明治に入ると、黙阿弥の作品世界では時代の風を表す言葉として、自称詞〈僕〉が盛んに使われるようになる。

〈僕〉を使う四一人を属性別に見ると、書生が一〇人（洋学書生、剣道書生を含む）と最も多く、それに次いで子供（生徒含む）が四人、周旋人（ブローカーのようなもの）が三人、警察官が二人、官員（高級官僚）、金貸しが各二人と続く。ちなみに、男性を装っている女性が〈僕〉を使う異色作である「富士額男女繁山」（通称：女書生繁）（終章で詳しく論じる）以外は全員が男性である。

書生が最も多いのは、明治時代の〈僕〉という言葉に「書生言葉」の色彩が強かったことを示している。舞台上に明治の社会風俗を描き出す上で、書生の登場人物が〈僕〉を使うことにリアリティがあったということである。特に明治初期の書生には、士族の子弟が多かったので、〈僕〉には、「士族が使う言葉」の意味合いもあったと思われる。黙阿弥が生きていた明治前半期は江戸時代の名残が濃厚で、士族と平民の間には言葉遣い等でも大きな違いがあった。「書生」として登場する人物の多くは、士族の振る舞いや言葉遣いである。

書生に次いで、子供・生徒の使用が多いのは、〈僕〉の使用が教育の場から社会に広まったことを示すものと言ってよいだろう。一八七七（明治一〇）年の「勧善懲悪孝子誉《こうしのほまれ》」（通称：孝子善吉）では教師と二人の生徒が〈僕〉を使用している。士族出身者が主である書生と異なり、子供・生徒は士族でない庶民の子でも〈僕〉を使うケースがあり、〈僕〉の使用が教師の影響力を通じて徐々に下層に広がっていく様子がうかがえる。このように〈僕〉という言葉と教育の深い関わりは明らかである。

黙阿弥作品の〈僕〉——金と権力

しかし、教育と直接の関係がなく〈僕〉を使う人たちも多い。書生、子供に次いで三番目に多い周旋人は今でいうブローカーのような仕事で、不動産や会社などへの投資のために資金を集め、話をまとめる。金を必要とする起業家と富裕な金主の間を取り持つような仕事である。「水天宮利生深川」（通称：筆売幸兵衛）や「月梅薫朧夜《つきとうめかおるおぼろよ》」（通称：花井お梅）に登場する周旋人たちは、花街や歌舞伎の劇場で出資者である金持ちの機嫌を取る人物として登場する。

「筆売幸兵衛」に登場する周旋人・茂栗安蔵は、「来年は試験を受け僕も立派な代言（弁護士）となり、やがて（明治）二十三年には国会開設の時至り、名義を上げる了簡ぢゃ」と、弁護士を経て国会議員になるという野心をあらわにしている。「筆売幸兵衛」は一八八五

（明治一八）年の作品だが、五年後の一八九〇（明治二三）年に予定された国会開設を目指し、野心を持つ男性たちがうごめいている様子がよくわかる。〈僕〉はそうした出世主義者たちが好んで使う自称詞でもあったのである。明治前半の〈僕〉には、こうした権力や金との結びつきを表す面もあった。

警察官や官員も権力者の一種である。黙阿弥の作品で〈僕〉を使う中に、警察官が二人いる。明治初期の警察官は士族が多く、特に東京の警察官は、前述のように、維新の勝者であった薩摩などからの下級武士の子弟が多く職に就いている。こうしたことから、警察官が〈僕〉を使うという印象があったのだろう。また厳密に警察官ではないが、逃亡犯を探す「探索方」が使う例もある。

また官員も二人いる。明治初期の官員は今の公務員よりはるかに待遇がよく、庶民から見れば雲の上の存在であった。士族の出身者が大半であり、そうしたことから〈僕〉を使うイメージがあったものと思われる。「花井お梅」に登場する高山登は官員を装って裁判を傍聴しようとする人物で、正体は農民・太郎作であった。官員は〈僕〉を使うというイメージがあったからこそ、官員に化けるために〈僕〉を使ったわけだ。また、「島鵆月白《しまちどりつきのしら》浪《なみ》」（通称：島ちどり）に登場する望月輝は金貸し・書家であるが、演劇評論家・渡辺保は著書『黙阿弥の明治維新』[*5]でその正体は官員であると論じている（後述）。

また、代言人（弁護士）や代言人を装う人物（正体は落語家）も〈僕〉を使っている。前述のように、「筆売幸兵衛」の茂栗安蔵は代言人志望だった。

こうした登場人物の属性からは、警察官、官員、代言人など明治時代になって新たに権力を行使する側に立った人物が〈僕〉を使っているイメージがあったことがわかる。芝居の中の役割としては、警察官、代言人は庶民を救う善玉として描かれ、官員は俗物として描かれているが、いずれにせよ、庶民には及びもつかない大きな力を行使する。

周旋人は、金持ちの周辺に群がる人たちであり、茂栗安蔵のように、政治家志望者としても描かれている。ほかに金貸し、請負師（建設などを請け負うデベロッパー）なども金や権力と関わりのある人物である。

明治の「立身出世」と〈僕〉

このように、黙阿弥作品に登場する〈僕〉たちは大きく二つに分けられる。第一に教師、書生、生徒など教育に関わる人たち。第二に金や権力を握った人々や、その周辺にいる人たちである。この二つのカテゴリーは、教育を通じた立身出世という明治時代の社会風潮を通じてつながっている。要するに、学校でいい成績を収めて金や権力のある地位に就くというのが明治における男性の大まかな成功図式であった（これは現代でも大きくは変わっていない)。

江戸時代後期において、〈僕〉を使うのは主に武士身分の書生や学者であり、上層の農民・町人であった。だが、その時代には身分移動の可能性は限られていた。下層の農民や町人の住む世界と武士の住む世界は何のつながりもないので、庶民が〈僕〉を使う動機もない。

しかし明治時代に入ると、教育によって、ときにはビジネスの成功や選挙によって、庶民の男性にも社会の上層に入る可能性が出てきた。第一のカテゴリーは教育によって社会の上層に入り得る候補生である。また、第二のカテゴリーの周旋人、金貸し、請負師などは、ビジネスや選挙によって権力を持つ上層にもぐりこもうとしている。彼らが〈僕〉を使うのは、そうした上層に同一化したい気持ちを表しているのだろう。〈僕〉はそうした当時の社会の「立身出世」のダイナミズムを象徴する自称詞であると言える。

江戸文人の〈僕〉

第一、第二ほど目立たないが、実はもう一つカテゴリーがある。江戸時代からの伝統的な遊び人・文人の文化を引き継ぐ〈僕〉が第三のカテゴリーである。

〈僕〉はもともと漢学由来の一人称だが、江戸時代後期には教育が広がり、士族だけでなく、富裕な農民・町人も高度な技芸や学問の世界に触れるようになった。こうした人たちは、色街など遊びの世界にも親しんでいる。

こうした富裕で文化的な側面を持つ農民・町人にとっても、自分が使うかどうかはともかく、〈僕〉は親しい響きの自称詞であったと見られる。仮名垣魯文の『安愚楽鍋』には魯文自身をモデルにしたと見られる文人が登場するが、この人物は〈僕〉を使っている。もちろん默阿弥も、この世界の住人であった。魯文と默阿弥は、江戸の文人世界の住人として、（特別親しくはなかったが）付き合いの長い友人どうしでもあった。

默阿弥にとっては、こうした第三のカテゴリーの〈僕〉は維新前から身近なものであったが、明治に入ってからは、外部からやってきた第一、第二のカテゴリーの〈僕〉が世間に増殖しつつあるといった状況なのだと考えられる。後述するが、默阿弥自身が〈僕〉を使った文章も残っている。

默阿弥の台本の中でも、遊郭の太鼓持や俳諧師、落語家などが〈僕〉を使っている。これらは江戸の遊び人・文人の文化としての〈僕〉であった。

默阿弥の引退作に使われた〈僕〉

「島ちどり」は、默阿弥が立作者から引退することを表明して発表した「一世一代」の作品であった。そのため、普段は弟子などと共同で台本を書いていた黙阿弥が、一字一句をすべて書いた、珍しい作品である。

現在知られる「河竹黙阿弥」は実は引退後の名前であり、引退までは「河竹新七」の名で活動していた。だからこれは新七最後の作品ということになる。新七を引退して「黙阿弥」になってからも、スケ（ヘルプ）として盛んに作品を発表しているが、「島ちどり」が彼（新七→黙阿弥）にとって極めて重要な作品だったことは確かである。

「島ちどり」は黙阿弥得意の「白浪（泥棒）」ものである。島蔵と千太は泥棒仲間であった。二人で商家に押し入って強盗をしたときに、島蔵は商家の主人の脚を傷つけた。のちに島蔵は、まったく同じ日・時間に、遠く離れた郷里で自分の息子が脚にけがをして障害者になったことを知り、自分の罪の恐ろしさを感じ、足を洗うことに決め、東京で商人となった。いつか迷惑をかけた商人に盗んだ金を完済し、自首して罪を償おうと考えている。

そこへ千太が現れ、望月輝《あきら》という書家の家に押し入ろうと島蔵を誘う。千太は自分の好きな女性が輝の妻になったことを恨み、輝夫婦を殺しても構わないと考えていた。輝は謎めいた人物であり、元旗本だったが、浪士として強盗をして、処刑されるところを維新成立により赦免され、その後は盗んだ金をもとに金貸しをして成功している。表向きは書家・金貸しだが、おそらく新政府に強力なコネのある（「官員かと思う様な」という言葉で示唆されている）裏の顔を持つ人物であった。千太は自分がけちな強盗であるためか、そんな輝が許せないようであった。

島蔵は千太を夜中の招魂社（現・靖国神社）に誘い、ともに自首をして足を洗おうと説得する。明治時代には、十両盗めば死刑と定められていた江戸時代とは異なり、窃盗では死刑にならなくなった。だから、「心を入れ替えておれと一緒に堅気になれ」という説得を千太が受け入れたところに、突然輝が現れ、「噂に聞いたか知らねども、僕も以前は脱《のが》れぬ仲間、今両人が改心せし志を悦《よろこ》びて、二百円を進上いたす」。これがこの作品に唯一〈僕〉が使われる場面である。重要なクライマックスの言葉であることがわかるだろう。

つまり恵まれた立場にある輝が、「僕も以前は強盗だった」と盗賊二人に仲間意識を打ち明け、その上で被害者に返済するための金を提供し、二人の自首と更生を支援するというのである。有力者の輝が支援するならば、二人には情状酌量が与えられ、刑が軽くなり、また服役後は富裕な輝の後押しを得て堅気として暮らしていく道も開けるのだ。

省略したが、ここまでの経緯でもう一人の泥棒、徳蔵という男も改心。四人の男が、招魂社に上る朝日を眺めるところで芝居は終わる。

泥棒から権力者へ

渡辺保は『黙阿弥の明治維新』で、「本当は黙阿弥は望月輝を官員（中略）として書きたかったのである。しかし政府の要路の役人が盗賊だったというのでは、名誉毀損になりかねない」ために、こうした描き方をしたのだという。渡辺の引用によれば、小説家・劇作家の長谷川伸は、薩摩出身の伊東祐亨《いとうすけゆき》が望月輝のモデルだと書いている。

伊東は薩摩出身の海軍軍人で、日清戦争の際に連合艦隊司令長官となり、日露戦争後に元帥となった。伊東は、維新期の混乱した世相の中で、幕府側の軍資金を強盗まがいの強硬な手段で奪い取ったと長谷川は書いている。少なくとも、江戸人（東京人）にはそう信じられていた。それが事実なら、明治維新で薩摩が勝利したからこそ、栄光に満ちた生涯を送ったが、一歩間違えば犯罪者として処刑されていた可能性もあろう。

伊東自身が本当にモデルであったかはともかくとして、望月輝はそんな怪しげな過去を持つ人物が明治政府の有力者となっていることを示唆する設定なのは確かだ。実際、政治活動資金の調達と称して強盗まがいのことをする者は幕末には少なくなく、公儀側にも反公儀側にも見られた。吉田松陰の弟子の一人が強盗をして捕まり獄死しているが、これもそうだったようだ。

だから、明治政府の要人のうち何人かに強盗の過去があってもまったく不思議ではなかった。「望月輝」という登場人物の名は、まぶしく光る満月を意味しているが、その背後には深い闇が広がっていたのである。

白浪（泥棒）は黙阿弥作品を特徴づける人物像であり、黙阿弥は「白浪作者」の名が高かった。黙阿弥の白浪たちは、幕末の世情の混乱の中で、たくましく自力で生きる庶民であり、江戸時代の「十両盗めば死刑」の法の下、最後は処刑される悲劇性を背負いつつ舞台の上で輝いた。また「白浪五人男」「三人吉三」などの作品では白浪たちの連帯（はかない、一瞬のものだが）も描かれている。

黙阿弥が立作者としての引退に際し、白浪たちの改心を描いたことは、そんな幕末～明治初期の混乱の終わりを象徴するものと言っていいだろう。それが、招魂社という明治政府の作った舞台で、望月輝という政府の有力者と見られる人物によって祝われることの意味は大きい。そのタイミングで、輝から白浪たちへの仲間意識を表す言葉として〈僕〉が使われているのである。それはまるで、黙阿弥の作り出した江戸庶民の英雄・白浪たちが、明治政府に帰順するかのようだった。

黙阿弥自身の遺した〈僕〉

黙阿弥自身が〈僕〉を使って書いた書面が残っている。一八九二（明治二五）年一〇月一日の日付のある「著作大概」と記された文書である。[*6] 死後に発見されたものだが、黙阿弥は翌一八九三年一月に死んでおり、最晩年の文書である。

これは自分の長いキャリアを振り返ったもので、代表作を上げ、解説をしている（なお、上記「島衛月白浪」（島ちどり）が最後に挙げられており、「引退」後の作品は省略されている）。

この文書では自称詞として最初に〈小生《しょうせい》〉が用いられ、謙遜の意味で他の字よりも小さく書かれているが、次に〈僕〉が登場し、やはり小さく書かれる。しかしその次からは自称詞はすべて〈僕〉となり、しかも他の字と同じ大きさで書かれている。

黙阿弥は、自身が属する江戸の遊び人・文人の世界でこそ〈僕〉という言葉に親しんでいたが、維新前にはそれを作品に用いることはなかった。しかし、維新後、時代が進むにつれ、世情を表す言葉として、徐々に受け入れていった。この「著作大概」の〈僕〉の使い方は、それをそのまま反映したものになっている。

黙阿弥作品における自称詞〈僕〉の使用法は、〈僕〉が子供たちや野心を持つ出世主義者にまで浸透していく様子を浮き彫りにしている。それは、明治政府の作り出した教育を通じた立身出世の風潮の広がりの一つのバロメーターともなっているのである。

教育の普及

ミンナ　デ　テウレン　セウ。

ボク　ハ　テヌグヒ　ヲ　ボウ　ニ　ツケテ　ハタニ　スル。ボク　ハ　ハタモチ、イトウクン　ハ　タイシヤウ　デス。サア　ミンナ　ソロヒ　タマヘ。サトウクン、ラツパ　ヲ　フキ　タマヘ。ススメ、ヒダリ、ミギ、ヒダリ、ミギ

一八八七（明治二〇）年の小学校教科書『日本読本　第二』[*7]には、男子の「調練（兵隊の訓練）」ごっこの場面で〈ボク〉が登場する。『日本読本』は明治時代に教科書検定制度が確立した直後の教科書で、広く使われた。前述のように、黙阿弥の作品にはこの一〇年前にすでに、登場する学童が〈僕〉を使っており、この頃にはすっかり「教室用語」として定着していたことがうかがえる。この教科書には女子も多く登場するが、女子は〈ワタクシ〉を使っており、男女の自称詞の使い分けが明確に意識されている。男子が将来の兵士にふさわしく「調練」ごっこをする一方で、女子は人形遊び、かるた取り、また掃除などの家事にいそしんでおり、男女の役割分担が強く意識されているのも印象的だ。

初等教育の普及に加え、高等教育の発展も目覚ましかった。一八七七（明治一〇）年に

は東京大学が成立、一八八六（明治一九）年には帝国大学と改称し、高等教育の中心を担うことになった。それに伴い、東京には東京大学（帝国大学）への進学を目指す高等学校や予備校・塾などが多数生まれた。一方、政府とは距離を置く福沢諭吉の慶應義塾、大隈重信の東京専門学校（早稲田大学の前身）なども多くの学生を集めた。さらに法曹養成を担うため、官立・私立の法律学校も作られ、そのうちの多くは大正時代に私立大学へと発展していった。このような高等教育機関の発展は、東京より小規模ではあるが、関西圏や名古屋をはじめとする地方都市でも同様に見られた。

それに伴い、地方から立身出世を目指す若者たちが東京や各地方の大都市に流れ込み、親から仕送りを受けたり、富裕な親戚や知人の家に住み込んだりしながら、「書生」として勉学生活を始めた。彼らの多くは士族出身だったが、商人や庄屋・名主など富裕な庶民層の出身者も多かった。明治も後半になると、社会の平等化が進み、士族の割合は徐々に小さくなっていったようである。

彼らは親や親戚の期待を受け、高等教育での成功、さらには官僚や実業家としての栄達を夢見ていたが、実際には挫折するものも多かった。大学などを卒業しても、社会で成功できないこともあったし、酒や遊郭での遊びなどに身を持ち崩したり、病気や金銭面でのトラブルに巻き込まれたりすることもあった。

近代日本文学は「〈僕〉たちの文学」

明治二〇～三〇年代は、日本文学の確立期にあたる。〈僕〉はもともと江戸時代の文化人サークルでもよく使われる自称詞だったが、明治時代には近代文学者が使う自称詞ともなっていった。

近代日本文学の始まりを告げたとされる坪内逍遥の『一読三歎《いちどくさんたん》 当世書生気質《かたぎ》』[*8]と二葉亭四迷の『浮雲』[*9]はどちらも〈僕〉という自称詞を多用している。それはまったく意外ではない。『書生気質』はタイトル通り書生の世界を描いた一種の群像劇であり、登場人物の多くが自称詞〈僕〉を使っている。『浮雲』の主人公も大学を卒業して役所に勤めている人物であり、自称詞〈僕〉を使うのも自然なことだと言えるだろう。

『浮雲』の主人公・内海文三は旧幕臣の一人息子で、父親が零落の末に死に、苦学して優等で大学を卒業、役所に勤めるが、上司に取り入ることができず、クビになってしまう。友人の本田は対照的に、上司のお気に入りになり順調に出世、文三が思いを寄せる女性にも近づいていく。

『浮雲』は勤勉で優秀な書生が社会に出てぶつかる壁を描き、当時の高学歴男性らの共感を得た。「近代文学」の多くの作品はこのように、高学歴男性たちの社会経験や恋愛、それに伴う感情などを描いたものであり、「書生文学」の一面を持っていた。作家や読者のほとんどは言うまでもなく、高等教育を受けた男性たちであった。それは学校で西洋の学問を学び、江戸時代と異なる価値観に触れていた彼らが共感できる作品であり、そこが江戸時代の名残をとどめた仮名垣魯文といった人たちの作品（戯作）と違う新しい魅力だった。

〈僕〉は近代文学の作家や読者たちである高学歴男性が最も親しんだ自称詞だったから、自ずと作品にも頻出した。当時の回想などを読むと、作家たちのほとんどが日常的に、自称詞〈僕〉を使っていたことがわかる。近代日本文学はまさに「〈僕〉たちの文学」だった。

明治時代に最も読まれた小説と言われるのは、尾崎紅葉の『金色夜叉《こんじきやしや》』[*10]である。昭和に入ってからも映画化されるなど、長く人気を保った。この作品の主人公は第一高等学校生の間貫一《はざまかんいち》で、その婚約者である鴫沢宮《しぎさわみや》が自分を捨て、金持ちである富山唯継《とやまただつぐ》に嫁いでしまったため、学校を辞めて高利貸しになる。第一高等学校は卒業生の多くが東京大学に進学するエリート校である。優秀で勤勉な学生の挫折という意味では、『浮雲』によく似ていた。

貫一は登場時には自称詞〈僕〉を使っているが、高利貸しになると、〈私〉を使うようになる。学生の「甘さ」を捨て、金次第の社会に適応しようとしているのであろう。かつての学友たちに再会するときも、親友・荒巻との会話では互いに〈僕〉で話すが、心を許さない俗物の学友相手には〈私〉で応じるなど、自称詞の使用と相手に心を開くかどうかが連動しているのがわかる。

このように、〈僕〉は高学歴男性にとっては、学問や文芸に励む書生としての日々、そこで培った友情と結びついた自称詞であった。一生を学問や文芸の世界で暮らす学者や文学者は、年を重ねても自称詞〈僕〉を使うことが多かったのである。また、相手かまわず〈僕〉で通すような人がいれば、周囲はそんなことができる立場の強さから、エリート臭を感じることにもなった。

明治時代に〈僕〉と対になって使われるようになったのが〈君〉である。〈君〉は江戸時代には尊敬の意味が強く、書生どうしの仲間意識を表すには適当ではなかった。吉田松陰の手紙でも相手を指して〈君〉ということはまずなく、よく使われるのは〈足下《そっか》〉などである。しかし、第1章で触れたように、対称詞には徐々に敬意が下がるという法則がある。かつては敬意が強かった〈君〉も明治時代になるとかなり敬意が下がって、〈僕〉と対で使われるようになった。そして、〈僕〉〈君〉で互いに呼び合う関係は、男児や男子学生、高学歴男性の間の仲間意識の象徴となった。

文豪・漱石の〈僕〉〈君〉

明治時代後期から大正初期にかけて活躍した文豪・夏目漱石（一八六七—一九一六）の作品で、この時代の〈僕〉〈君〉の用法を確認してみよう。[*11] 漱石は東京の平民出身だが東京帝国大学で英文学を学び、イギリス・ロンドンに留学、帰国後、東大などで教鞭を執った。明治時代の学生（書生）文化の中で成長し、当時の代表的な知識人となった人物である。彼にとって自称詞〈僕〉は日常的な言葉であり、学校仲間や後輩・弟子などとの交流で主に用いる自称詞だった。後年、学生時代の親友であった南満州鉄道総裁・中村是公《なかむらよしこと》の招きで中国東北部（満州）旅行をした際の旅行記『満韓ところどころ』でも、中村をはじめとする現地在住の友人と〈僕〉〈君〉で会話している場面がよく出てくる。彼らは事実上の植民地・満州の経営や開発のために渡っていた東京大学卒の官僚や研究者・技術者であった。文学者・漱石はまさにそうしたエリート社会の一員であった。

漱石のほとんどの小説で、主人公は漱石同様、東京大学卒の男性であり、主人公が学生時代からの友人、後輩や弟子などと話すときには〈僕〉を用いて話している。その中でもお互いに〈僕〉〈君〉で話すのは、学校のかつての同級生、学生時代の友人など、対等の友人関係に限られている。

例えば、デビュー作『吾輩は猫である』では主人公・苦沙弥先生がお互いに〈僕〉〈君〉

で話すのは、学生時代の友人である迷亭、鈴木藤十郎、八木独仙などである。弟子に当たる水島寒月やその友人・越知東風と話すときは、苦沙弥は〈僕〉〈君〉を使うが、彼らは自称詞〈私〉を使い、苦沙弥を〈先生〉と呼ぶ。そして寒月と東風はお互いに〈僕〉〈君〉で話す。苦沙弥先生が妻と話すときは〈俺《おれ》〉〈御前《おまえ》〉であり〈僕〉は使わない。妻は〈私〉〈あなた〉で話す。これはその後の小説の夫婦関係でも踏襲されている。漱石の小説では、この時代の夫婦間の言葉遣いに明確な上下関係があったことがうかがえる。一方で主人公たちは妻でない女性相手には、しばしば〈僕〉〈あなた〉で話しかけており、女性向けに自称詞〈僕〉を使って話しかけることは一般的になっていた。

一方で、近所の風呂屋の場面では「年の頃は十七八で君とか僕とか生意気な事をべらべらしゃべって居るのは此近所の書生だろう」とある。自分自身〈僕〉〈君〉を使っている苦沙弥だが、少年が〈僕〉〈君〉を使っているのを見るとどうしても生意気に感じたようだ。この少年に苦沙弥は「もっと下がれ、おれの小桶に湯が入っていかん」と言いがかりめいた文句をつけるが、少年からは「僕はもとからここに居たのです」と反論される。年上に対して〈僕〉を使うのは子供・少年としては自然なことなのだ。それを可愛らしいと取るか生意気と取るかは、話者間の関係性やそのときの状況によった。

後の小説『坑夫』は炭坑夫になろうとする青年が主人公だが、どこから来たか聞かれ

「僕は東京です」と答えると「僕だなんて――書生ッ坊だな。（中略）全体此の頃の書生ッ坊の風儀が悪くっていけねえ」とののしられる場面がある。書生言葉である〈僕〉は地方の人や庶民など、学生文化から遠い人たちからは一般に評判がよくなかった。

『坊っちゃん』では教頭・赤シャツと主人公の「おれ」は互いに〈僕〉〈あなた〉で話している。お互いに〈僕〉を使うのは高学歴男性どうしの流儀だが、〈君〉でなくお互いに〈あなた〉を使うことで、心理的な距離を示している。赤シャツが東京大学出の文学士（漱石と同じである）で教頭なのに対し、「おれ」は物理学校（現在の東京理科大学）卒業の平教師で、地位に差があったことも理由だろう。一方「おれ」は、仲のよい山嵐と話すときには〈おれ〉か〈僕〉を使い、山嵐の自称詞は常に〈僕〉である。そしてお互いに〈君〉と呼び合っている。

　後期の作品『彼岸過迄』では、大学を卒業したばかりの主人公・敬太郎と同じ下宿に住む三〇歳くらいの男性・森本は互いに自称詞〈僕〉を使い、相手を〈貴方《あなた》〉と呼んでいる。二人はかなり密に交流しており、友人には違いない。しかし、多少の年齢差があることに加え、敬太郎が大学出なのに対し森本が高等教育を受けていないことが、二人の間の距離を生んでいる。

　後に森本は下宿代を踏み倒したまま失踪してしまうのだが、交流のあった敬太郎に森本の行方を尋ねる下宿の主人に対し、敬太郎は「僕はね、御承知の通り学校を出たばかりでなにもない貧書生だが、これでも少しは教育を受けた事のある男だ。森本のような浮浪の徒と一所に見られちゃ、少し体面にかかわる」と大学出のプライドを爆発させる。この場面で主人は敬太郎を〈貴方〉と呼び敬語を使っているのだが、敬太郎は自分よりはるかに年上のはずの主人を〈君〉呼ばわりしている。当時の学歴エリートの威信は大変なものであり、一般庶民との社会的な距離は非常に大きなものだったことがわかる。

明治時代の庶民と〈僕〉

明治時代、大学教育を受けた男性がエリートとなり、近代文学の華が咲いた一方で、ほとんどの男性は、小学校を卒業すれば職を得て働いていた。彼らにとっては、長い学校生活を送り学校用語である〈僕〉を自らのものにした高学歴者は特権階級であった。政治家・官僚・財界人などのパワーエリートと高学歴者はほとんどの場合重なっていたから、彼らは高学歴者を恐れると同時に憧れていた。

明治時代の男性の自称詞について文学作品を資料として調査した祁福鼎[*12]によると、〈僕〉は「官員層」「知識層」が最も多用する自称詞であり、特に「知識層」の使用数が全体の六割強を占めている。一方で「上層町人」（店の旦那・豪商・社長など）や「下層町人」

（職人・車夫・落語家・芝居者など）にも使用例があり、特に「下層町人」には〈俺〉に次いでよく使われる自称詞であるという。思うに、ここで挙げられた「下層町人」は独立性の高い「自由業」という側面もあったから、気兼ねなく〈僕〉が使えたのかもしれない。

松井利彦[*13]によると、一八八七（明治二〇）年刊の小説『一読百笑　明治浮世風呂』では、若旦那と出入りの男・清八の会話で、

清「（略）此の間も僕が」
若「僕た誰の事だ」
清「ナニ自己《わっち》が一杯機嫌で一風呂とびこんで例の喉で都々一《どどいつ》を一ツ迂鳴《うな》て居ると」

という会話がある。出入りの男が〈僕〉と言ったのを若旦那は聞きとがめている。「お前が〈僕〉を使うのは生意気だ」ということだろう。自称詞〈僕〉の使用は、社会的身分や教育レベルが低い人たちにはふさわしくないという感覚があったことがわかる。反面、「だからこそ使いたい」という気持ちがあったからこそ、徐々に下層にも広がっていったのだろう。

松井によると、一九〇七（明治四〇）刊の海賀変哲著『新浮世風呂　男湯之巻』では丁

稚や職工・床屋の下剃《したぞり》にも〈ぼく〉の用法が見られる。このように、明治時代の〈僕〉は、かつての侍に相当する「官員」、文人に相当する「知識層」の自称詞という性格を保持しつつ、下層町人層にも時代の風潮を表す自称詞として徐々に広まりつつあったことがわかる。

このように、自称詞〈僕〉は徐々に下層にまで浸透していくが、それでも社会全体を見れば、高等教育を受けた層の言葉という色彩は、戦後まで残った。一般社会では、日常生活では〈俺〉、改まった場では〈私〉という使い分けが主流であった。高等教育を受けない層は、一〇代半ばまでに社会に出た。それまでの教育で自称詞〈僕〉を身につけていたとしても、職場で経営者などの上位者に「生意気だ、〈僕〉なんて使うな」と言われればそれまでだった。〈僕〉使用が定着できたのは、教育期間が長い上位の階層に属する人たちや、文学者、芸術家などの文化人が主だったのである。

大杉栄の〈僕〉

選挙権が拡大し、都市化が進んで大衆文化が生まれた大正時代には、〈僕〉の歴史の中でも特筆すべき使い手が出ている。無政府主義者の大杉栄（一八八五―一九二三）は、ほとんどの著作を自称詞〈僕〉を使って書いた。[*14]

江戸時代の〈僕〉はもともとは書簡用語、さらに話し言葉に広がったが、その流れを受け、明治に入っても〈僕〉が公表される文章で会話以外の地の文で用いられることは少なかった。当初は書簡や小説中の会話などが主だったが、徐々に評論や随筆などにも広がっていった。そこには、読者を同じ教養階層に属する「仲間」と見なす書き手の心理が働いていたと思われるが、それでも多くの書き手は媒体や文体で〈私〉〈余〉など複数の自称詞を使い分けていた。しかし大杉の文章は常に〈僕〉であり、例外はほとんどない。大杉ほど一貫して〈僕〉を使った書き手は珍しい。

自称詞〈僕〉の歴史の中で、〈僕〉を主体的・継続的に使い、周囲に影響を及ぼした代表的な書き手は、吉田松陰、大杉栄、村上春樹の三人である。この三人の文章を読むと、〈僕〉という自称詞と書き手としてのペルソナが一体化していると感じられる。

大杉が〈僕〉を使った理由ははっきりとはわからないが、大杉の文体は率直かつリラックスした調子で一貫しており、論理や主張は鋭いが、読み手を自分の対等な話し相手と見なす姿勢が感じられる。対決や排除ではなく、読者に呼びかけ、共通の土壌を見出していこうとする文章なのである（これは基本的に、吉田松陰や村上春樹にも言えることだろう）。階級の完全な廃絶と相互扶助を主張していた大杉は、すべての読み手を自分と同格であり、潜在的な「同志」と見なしていたのではないか。そうした態度の表れとして、〈僕〉を用いたのではないかと思われる。また、大杉栄は吉田松陰に心酔していたので、松陰の書簡の〈僕〉の影響を受けていた可能性もある。

大杉が珍しく〈俺〉を使った文章に「鎖工場」という短文がある。夢落ちの形を取った掌編《しょうへん》小説とも読める作品だが、自分たちを縛る鎖を作る工場の悪夢が描かれている。

俺はもう衆愚に絶望した。

俺の希望は、ただ俺の上にかかった。自我の能力と権威とを自覚し、多少の自己革命を経、さらに自己拡大のために奮闘努力する、極小の少数者の上にかかった。

常に希望を失わなかった大杉が、珍しく大衆への絶望を描いたこの作品で〈俺〉を使ったことは、大杉が〈僕〉という自称詞に込めた思いが連帯への希望だったことを、逆説的に物語っているように思えるのである。

高村光太郎の〈僕〉

道程

僕の前に道はない
僕の後ろに道は出来る
ああ、自然よ
父よ
僕を一人立ちにさせた広大な父よ
僕から目を離さないで守る事をせよ
常に父の気魄を僕に充たせよ
この遠い道程のため
この遠い道程のため

高村光太郎（一八八三―一九五六）は幼少の頃、自分のことを〈あたい〉と言っていたが[*15]、これは当時、東京の下町では普通のことであった。

光太郎の父は、上野公園の西郷隆盛像などで高名な彫刻家の高村光雲である。光雲は江戸時代の仏師から近代の彫刻家になり、東京美術学校（現在の東京藝術大学）の教授になるなど、出世した人物だった。

光太郎はその長男として後を継ぐことを期待されていたが、欧米に留学して本場の彫刻や建築に触れたことから、光雲が代表する日本の彫刻文化に違和感を持つようになった。帰国後、美術学校の教授職など光雲の提案をことごとく拒否。光雲のすねをかじりながらも、自分の信じる彫刻を求めて苦闘を続けていった。晩年に至っても光太郎は「父の作品には大したものはなかった。すべて職人的、仏師屋的で、又江戸的であった」と回想している。*16

そんな光太郎は、本場の美術を評論で紹介し、詩を発表するなど、文筆でも広く知られるようになり、当時の知識層の若者に強い影響力を持つようになった。「道程」を含む第一詩集『道程』は当初は自費出版だったが、若者に広く読まれた。

「道程」の「父」は高名な父・光雲とは何の関係もなく、広大な「自然」を父と見立てている。光太郎が強い影響を受けたフランスの彫刻家ロダンを指すという説もある。

この詩は現実とは異なる場所にある理想を雄渾《ゆうこん》な調子でうたっている。そうした理想化された自画像を表現する上で、自称詞〈僕〉の使用が非常に効果的であった。幼少期は〈あたい〉を使っていた光太郎は、少年時代に学校で〈僕〉を身につけたのだろう。晩年のインタビューなどでも〈僕〉を使ったものが多い。詩では〈私〉〈おれ〉など様々な自称詞を使っているが、青年期の詩は〈僕〉を使ったものが目立った。そのようにして高村は、現実から距離を取ろうとしたのである。

そこでうたわれているのは芸術への献身や人生に立ち向かう気魄であり、また妻・智恵子への愛だった。代表作『智恵子抄』には「僕等」という詩があり、「僕はあなたをおもふたびに／一ばんぢかに永遠を感じる」とうたい上げている。

そんな光太郎は一九四一（昭和一六）年に太平洋戦争が勃発すると、戦争に前のめりに協力していった。智恵子を一九三八（昭和一三）年に失っていた光太郎は、心の空虚を埋めるかのように戦争を賛美し、協力を促すような文章や詩を次々に発表した。愛国詩では〈僕〉は使われず、目立つのは「われら」だった。戦争勃発直後に発表した「必死の時」[*17]では「必死にあり。／その時人きよくしてつよく、／その時こころ洋洋としてゆたかなのは、／われら民族のならひである」と書いた。

一九四五（昭和二〇）年、東京のアトリエが空襲で焼け、光太郎は岩手県に疎開したが、戦後も一九五二（昭和二七）年まで岩手にとどまり、粗末な山小屋で一人暮らしをした。一九五〇（昭和二五）年に出版した詩集『典型』には自分の戦争への関わりを反省した連詩「暗愚小伝」が収められたが、その中からも割愛された詩稿では、一層痛烈に自分の責任を振り返っていた。

わが詩をよみて人死に就けり

爆弾は私の内の前後左右に落ちた。
電線に女の大腿がぶらさがった。
死はいつでもそこにあった。
死の恐怖から私自身を救ふために
「必死の時」を必死になつて私は書いた
その詩を戦地の同胞がよんだ。
人はそれをよんで死に立ち向つた。
その詩を毎日よみかへすと家郷へ書き送つた
潜航艇の艇長はやがて艇と共に死んだ。[*18]

光太郎は東京に戻って四年後、肺結核で死んだ。

戦没学生の〈僕〉の分析

日本が戦時体制下にあった昭和一〇年代。この時期の男性の自称詞の使用を見るよい史料がある。『きけ　わだつみのこえ』[*19]（以下『わだつみ』）がそれだ。日中戦争から太平洋戦争にかけての戦没学生の書いた文章（日記、手紙、短歌、俳句、雑文など）を集めた本である。

太平洋戦争が始まっても、旧制の大学・高等学校・専門学校などの学生は、将来の国家を担うエリートとして徴兵猶予されていたが、太平洋戦争の進展につれ、戦力不足が深刻になったため、徐々に猶予は短縮された。

そして一九四三（昭和一八）年一〇月一日、東条英機内閣は「在学徴集延期臨時特例」により、理工系と教員養成系を除く文系学生を徴兵の対象とし、一二月までに入隊させることとした（「学徒出陣」という）。

『わだつみ』に掲載された学生の多くも、この「学徒出陣」の対象になった学生が中心であるが、それ以外の学生や太平洋戦争以前に日中戦争で戦死した学生もいる。「戦没学生」とは言うものの、入隊前に卒業して職務経験を持つ筆者も相当数含まれているので、「高等教育を受けた経験を持つ男性」が正確であろう。

『わだつみ』は一九四九（昭和二四）年に初版が発行され、戦争の悲劇を伝えるベストセラーとなって映画化もされた。一九六三（昭和三八）年には続編である『戦没学生の遺書にみる15年戦争』（後に『第二集　きけ　わだつみのこえ』[20]と改題）も刊行された。

ここでは、現在刊行されている岩波文庫版を題材として分析を進める。収録された手紙を用いられた自称詞ごとに集計してみた結果が表3である。

『わだつみ』に掲載された筆者は七四人。用いられた自称詞は、〈私〉（〈わたし〉を含む）三七人、〈俺〉一九人、〈自分〉一四人、〈僕〉（〈ぼく〉〈ボク〉を含む）一三人、ほかに〈小生〉〈吾〉〈吾人〉〈余〉の使用も見られた。一例だが、〈われ〉が短歌に用いられていた。なお、一人が複数の自称詞を用いるケースも多い。一方で掲載された文章が短かったり、短歌などだったりして、自称詞が登場しないものもあった。

『第二集　きけ　わだつみのこえ』（以下『第二集』）に掲載された筆者は四九人。〈私〉（〈わたし〉を含む）二〇人、〈俺〉九人、〈自分〉六人、〈僕〉（〈ぼく〉〈ボク〉を含む）一一人、ほかに〈小生〉〈余〉〈吾人〉〈吾輩〉など。短歌に〈吾〉〈われ〉が用いられていた。

〈僕〉（〈ぼく〉〈ボク〉を含む）を使用した筆者は、『わだつみ』で一七・六％、『第二集』で二二・四％。この二冊では、〈僕〉使用者一人を含む九人の筆者が両方に登場しているため、合計すると一一二人中二三人、二〇・五％の筆者が〈僕〉（〈ぼく〉〈ボク〉を含む、以下略）を用いていることになる。〈僕〉の使用場面を見ると、日記、エッセイ風の文章のほか、手紙で用いられている。

[表3]『きけ　わだつみのこえ』に用いられた自称詞

	〈私〉＊i	〈俺〉	〈自分〉	〈僕〉＊ii
きけ　わだつみのこえ （％）	37 (50.0)	19 (25.6)	14 (18.9)	13 (17.6)
第二集　きけ　わだつみのこえ （％）	20 (40.8)	9 (18.4)	6 (12.2)	11 (22.4)
合計 （％）	53 (47.3)	28 (25.0)	19 (17.0)	23 (20.5)
戦没農民兵士の手紙 （％）	18 (36.7)	9 (18.4)	7 (14.3)	8 (16.3)

＊i　〈わたし〉を含む
＊ii　〈ぼく〉〈ボク〉を含む

女性への呼びかけとしての〈僕〉

興味深いのは、女性に呼びかける形で〈僕〉が多く用いられていることである。女性に宛てた手紙のほか、日記の文章などで特定の女性を想定して呼びかける形で用いられている。〈僕〉を用いた二三人のうち、一〇人が特定の女性を相手に〈僕〉を用いている。特定の男性への呼びかけ（友人へのハガキなど）は四人で、収録された文章に関する限り、女性を想定した〈僕〉使用は、男性を想定したものよりもはるかに多い。

〈僕〉はもともと厳密に男性間で用いられた自称詞で、幕末期に〈僕〉を愛用した吉田松陰にも、女性相手に〈僕〉を用いた書簡はない。女性との会話で〈僕〉を用いることがタブーでなくなったのは明治中期のことと思われる。それが昭和の戦中期の書簡になると、むしろ男性相手よりも女性相手の方がよく使われているのである。

〈僕〉を女性宛に使うようになったことの背景には、明治以降の男女関係の変化があったと見られる。『わだつみ』に登場する田坂徳太郎（日大専門部医科卒）は、「君の名、君の体は自分に最も密接に繋ったものと信じ、君を重んじることは自分を重んじることに何ら変りがない」と恋人との心身のつながりを表現した。

こうしたつながりは母親に対してもしばしば感じられるもので、実際、母親宛に〈僕〉を使用した例もあった。『第二集』に掲載された奥村克郎（浜松高等工業学校卒）の手紙には「お母さん!! 心の全幅をかたむけて信じてくださる人はこの世にあなたのほかにありませぬ。僕はそれをつくづく感じます。この唯一の安心のもとに戦場に行き勇ましい働きもできます」と、母親との特別な心のつながりが書かれている。

戦場にかり出され、市民生活と切り離された暴力的な環境に置かれ、生命の危機にさらされた若い男性たちは、以前の生活で自分が持った特別なつながりを思い出して心を守ろうとした。それが特別な女性への思いであり、母親への思いであったと思われる。この両者はしばしば同一視されるものでもあった。『わだつみ』に登場する渡辺崇（巣鴨高等商業学校在学中に応召）は海兵団入団前夜、恋人に「あんなにも僕を甘やかせ可愛がって下さった君――貴女は僕の御母様みたいだった」と書き送っている。

特定の女性が男性と特別なつながりを持つパートナーと見なされるに至ったのは、明治以降の社会が、極めて競争的なものだったことと関連があると思われる。

　前出の田坂徳太郎の恋人宛の手紙には「男には自分の負担する家庭のためにまた一部には男の意地とか、野心とかいうものが相組んで社会面に擡頭《たいとう》する。そこに激しい火花なき戦闘が常に起ってくる。／これからこうした人世に身を置かねばならぬだろうとの想いは君に対する自分の責任を負うことを考える時一層強く感じられる／狭く小さく君と僕とそれから、それに直接血の継《つな》がる家庭とを守って巷《ちまた》にかくれた町医になり、貧しい不幸な病人の友となって正しく虔《つつま》しい生活が送れれば」とあり、平時の社会にも「激しい火花なき戦闘」が行われているという見方が示されている。女性はそうした中で守るべき対象であると同時に、共に生き抜くパートナーなのである。

　江戸時代の身分制度の下では、社会的な地位は生まれた瞬間にほとんど決まっており、努力の余地は少なかった。しかし明治以降、身分制度が廃止され、男性には学校教育を通じ、社会的上昇の機会が与えられた。これにより、男性は相互に潜在的なライバル関係に置かれるようになった。そうした中でももちろん友情の花は開いたが、「激しい火花なき戦闘」の中で、無防備に内心をさらけ出せないことも多くなった。

　一方で女性はこうした機会から排除され、家庭において男性の補助的な役割を果たすことが期待された。こうした中で男性は自分の競争相手にならない女性にパートナーとしての信頼、愛情と安らぎを強く求めることになった。『わだつみ』『第二集』で、元来友人と共にいるときの自称詞である〈僕〉が女性に対し多く用いられているのには、そんな背景があるものと思われる。

『第二集』に掲載された松永龍樹（国学院大学助手から入隊）の夫人宛の遺書は「必ず死ぬ。キミにはボクはすでにない。今の僕はキミのものではない。ボクのキミは去年の二月以前のキミであり、キミのボクは笄《こうがい》町（自宅）に遺ったボクだけだ」と、〈僕〉と〈ボク〉を使い分けながら、二人の生活を〈ボク〉に象徴させている。〈僕〉〈ボク〉は女性との親密さに代表される、幸福で平和な市民生活の象徴ともなったのである。

軍隊と〈僕〉

軍隊では「娑婆っ気」と言って兵隊が一般社会の空気を持ちこむのを嫌い、しばしば制裁の対象となった。〈僕〉もそうしたものの一つと見なされていた。『第二集』に掲載された和田稔（東京帝大法学部学生から海兵団に入団）の手記には「一学生がうっかり『僕ね』などと私にしゃべったので、（中略）げんこでなぐられた」と書かれている。特に意外な調子でもないので、〈僕〉使用が制裁の対象になること自体は、理不尽ではあっても、軍隊における「常識」であったことがわかる。[*21]

〈僕〉が軍隊で嫌われたのは、市井の言葉と見なされたほかに、〈僕〉が教育との結びつきの強い、高学歴層が使う言葉と見られていたこともあるのではないかと思われる。軍隊は兵隊が自分で考えることを嫌う傾向があった。高学歴層は自分で考える習慣があり、一般社会においては軍人の多くよりも優位な立場にあっただけに、軍隊に対する潜在的な批判者と見なされていた。

『第二集』に掲載された椿文雄（東京帝大法学部卒）の手記には、軍人と学徒兵の間の緊張関係がうかがえる。

T伍長が酔っていた。ふらふらと立哨中の僕のところへやって来て、

「やあご苦労。どうだ軍隊というところに慣れたか」という。

「だいぶ慣れました」

「慣れたのか、慣らされたのか」

「両方であります」

「両方？　じゃ少しは反抗心があるな」僕はドキッとした。

「君なんか高等教育を受けているんだが、全く馬鹿らしいと思うだろう」一番触

れられたくないことだ。僕は黙っていた。

「黙っているね、そりゃ馬鹿らしいだろう。矛盾だらけだと思うだろう。え？」

僕は仕方なく答えた。

「何の社会にだって矛盾はあります」

「うん、まあそういう認識をもっていれば、俺も安心した。今日は少し酔っているんだ。失敬なことを言ったら許してくれよ。（後略）」


この会話からは、軍人が高学歴の学徒兵の批判的な視線を嫌い、同時に恐れるがゆえに、可能ならば抑えこみ、あるいは少なくとも妥協したいと考えていたことがわかる。〈僕〉は一般社会における優位な立場を背景に、自分たちに批判的な視線を向けうる高学歴者の指標と見られていたために、軍隊においては抑圧されていたのではないかと思われるのである。

二〇〇〇年に放送されたＮＨＫスペシャル「雨の神宮外苑　学徒出陣　56年目の証言」[*22]によれば、戦局が悪化していた一九四三（昭和一八）年当時、農村など庶民の家庭から、「金持ちの子弟は学校で勉強させて、兵隊になるのを猶予する法律を出して、のうのうとさせている。（一方）我々の子弟はみんな赤紙一枚で戦地に引っ張り出されている。こんな不公平な話はない」と強い不満が出ていた。東条英機首相はこれを憂慮、下級士官やパイロットが不足していたこともあり、「精神的にも挙国一体」とするために、学生の徴兵猶予の撤廃を決めたという。進学率わずか三％と言われた当時、高等教育を受けるエリートへの庶民の目は、畏敬の反面、やっかみや厳しさをも含んだものだった。

一九四三年一〇月二一日、神宮外苑の国立競技場で開かれた文部省主催の「出陣学徒壮行会」では、雨の中、二万五千人の学徒が、学生服にゲートルを巻き、銃を掲げて行進した。東条首相の訓示の後、東京帝国大学文学部から徴兵された江橋慎四郎は、「生等、もとより生還を期せず」（私たちは生きて帰ろうとは思っていません）と答辞を述べた。この言葉は新聞の見出しとなり、大きな反響を呼んだ。

陸軍に入隊した江橋はしかし、戦地に送られることはなく、国内に配属された。そこには、出陣学徒を代表する顔となった江橋の戦死が国民の戦意に打撃を与えるのではないかと恐れた軍部の配慮があったと言われる。

江橋は生き残り、戦後は体育学者として、東京大学教育学部の教授などを歴任した。壮行会での答辞については語ることがなかったが、二〇一〇年と二〇一三年にそれぞれ朝日新聞、毎日新聞の取材に応じ、インタビュー記事が一〇月二一日（かつて壮行会が行われた日）付紙面に掲載された。すでに九〇代となっていた江橋は、「僕は僕なりの人生をひたすら生きてきた」（朝日新聞）、「僕だって生き残ろうとしたわけじゃない。でも『生還を期せず』なんて言いながら死ななかった人間は、黙り込む以外、ないじゃないか」（毎日新聞）と、その後の長い人生を振り返っている。

『戦没農民兵士の手紙』との比較

『戦没農民兵士の手紙』[*23]は岩手県を中心に農村出身の戦没兵士の手紙四九人分を収録したものである。大ベストセラーであった『わだつみ』の影響下に編集されたものであることは間違いない。『わだつみ』と社会的に対極にある農村出身者の手紙の文集であるため、興味深い比較対象になるものと思われる。

そこで、自称詞の使用を調べると、四九人中、〈私〉が一八人、〈俺〉が九人、〈自分〉が七人、〈僕〉が八人であり、自称詞の使用傾向は『わだつみ』『第二集』と大きな違いは見られなかった。〈小生〉が七人と多く、また『わだつみ』『第二集』には見られない〈小兵〉を使う者も三人いたが、違いはそれぐらいである。

〈僕〉は四九人中八人、一六・三％と、『わだつみ』『第二集』の二〇・五％よりは若干少ないものの、農村出身者においても一定の使用者がいたことがわかる。

一方で、〈僕〉使用者には明確な特徴がある。それは比較的大規模な農家の出身者であることだ。田畑を合計した耕作面積は八反から三町五反、八人の平均で一町九反余りで、これは当時の平均をかなり上回っていると思われる。また彼らは（一部小作地も持っているものの）基本的に自作農であった。

このような状況から見て、彼らは農村では比較的富裕な層に属していたと思われる。この本は学歴が書かれていないのでわからないが、それなりの学歴があった者も含まれていてもおかしくない。

八人のうち三人が女性宛に〈僕〉を使用しており、妻二人、母一人であった。森下清香（高知県出身）は「貴女の事については決して心配はしない。心情がわかって居る。貴女の心の底がわかって居るからね」と妻に信頼を寄せる。こうした傾向は『わだつみ』『第二集』と共通している。

佐々木徳三郎（秋田県出身）は軍隊で人を教育する立場に立ち、自分の教育のなさを嘆いた。「幾度となく涙が、不覚の涙が、いつも無学の涙でした。頭が足りないためでした。／我々のような山だし人間とちがって、大都会に暮し大勢の中でもまれたものはちがいます。（中略）初等教育というのは実に苦しいことだよ。二十二歳にもなる血気盛りの若者を、しかも一年しか早くない者が教育するというからには並大抵ではないのです。（中略）僕など人の教育に適さない者は、とても続くまいと思った」

その一方で、佐々木のような農村出身者にとって、軍隊はチャンスにあふれてもいた。「自分の考えでは今隊にいて一生懸命勉強して樺太の森林主事というものの試験を受けます。すると月給七十円位もらえます。このほかに色々朝鮮あたりの巡査、北海道、樺太の巡査……」。向上心にあふれ、極めて教育機会に貪欲なこの男性が〈僕〉を使っていたのは、おそらく偶然ではないのである。

『戦没農民兵士の手紙』の『わだつみ』『第二集』との大きな違いは、極めて内容が具体的であることである。家族の心配、軍隊の生活などが実際的に書かれており、『わだつみ』『第二集』にあふれる詩歌、哲学的な内容、死生観をつづったものなどはほとんど見られない。

そうした中で、戦犯としてジャワ島で処刑された佐藤源治（岩手県出身）は、詩や短歌をつづった唯一の書き手であった。

僕は唱歌が下手でした

一　僕は唱歌が　下手でした
通信簿の乙一つ

いまいましさに人知れず
お稽古すると　母さんが
優しく教えてくれました

二　（略）

三　故郷を出てから十二年
冷たい風の獄の窓
虫の音聞いて　月を見て
母さん恋しと　歌ったら
皆が泣いて　聞きました

四　僕のこの歌　聞いたなら
頬すり寄せて　抱きよせて
「上手になった　良い子だ」と
賞めて下さる　ことでしょう

この詩では、〈僕〉が、子供時代の学校教育の思い出や、母親の温かさを呼び起こす言葉として使用されている。それは異国の監獄に収容されていた佐藤にとって、もはや戻ることができない、平和で幸福な世界であった。

『戦没農民兵士の手紙』の分析は、〈僕〉の使用が都会の高学歴エリート男性に限られない層に広まっていた可能性をうかがわせる。一方で、その使用は比較的富裕な層に偏っており、使用者はそれなりの教育を受けていた可能性もある。また教育への関心や妻・母親といった女性との信頼関係と結びつけて使用される例が見られ、この点は『わだつみ』『第二集』と共通していることがわかる。

戦後の大学進学率の上昇と〈僕〉の普及

多くの犠牲を生んだ戦争は一九四五（昭和二〇）年八月に終わった。戦後、平和な時代が続き、一九五五（昭和三〇）年頃からは高度経済成長が始まった。豊かになるにつれて、大学進学率も徐々に上昇していく。一九六〇年代後半までは大学進学率（短大含む、以下同）は一〇％台だったが、そこから急増し、一九七五（昭和五〇）年には三八・四％に達した。それからしばらくは同水準で推移したが、一九九〇年代からまた上昇し始め、二〇〇〇年には五八・五％に達している。

ちなみに男女別の大学進学率は、長く数％の開きがあったが、一九八〇年代終わり頃に差が縮まり、現在では（短大も含めると）ほとんど差がなくなっている。

大学進学率が高まるにつれ、高等教育と結びついていた自称詞〈僕〉は徐々に一般化し、そうしたイメージも薄れていったようだ。変化が本格的に始まったのは大学進学率が急増し始めた一九七〇年前後と見られる。

連続殺人鬼・大久保清の〈ぼく〉

「ぼくは油絵をやっているものなのですけど。一枚、描かせていただけませんか」[*24]。一九七一（昭和四六）年、群馬県で八人の女性を殺害した大久保清は、〈ぼく〉を使って女性に声をかけていた。美術教師などを名乗り、文学、美術や音楽などの文化的で高尚な話題を口にして女性を安心させるのが常套手段だった。

一九三五（昭和一〇）年生まれの大久保は、色白のきれいな子供で、母親から溺愛され、大人になっても「ボクちゃん」と呼ばれていた。高校中退で、若い頃から性犯罪などで逮捕・服役を繰り返した大久保は、一九七一年三月に仮釈放されると、わずか二か月余りの間に八人の女性を手にかけたのだった。

そんな大久保は、反面、教養や教育に強い憧れを持っていたようだ。美術などの知識は女性を誘うための付け焼き刃だったようだが、詩には打ちこんでおり、詩集を自費出版していた。取り調べに際して詩で心境を表現することもあり、警部も大久保の心を動かすために詩を作ったりしている。

若い頃は女性を誘う際に、「専修大学の四年生」「法政大学生」など、大学生をかたることが多かった。三〇歳を超えるとそれが美術教師に変わった。そうした詐称は、女性に対して効果的だという狙いもあったが、学歴や教養に対する秘めた憧れもあったのではないかと思われる。

大久保はふだんの自称詞は〈おれ〉なのだが、女性に声をかけるときに用いる自称詞はいつも〈ぼく〉であった。ルバシカにベレー帽をかぶり、芸術家の雰囲気を漂わせた大久保にとって、自称詞〈ぼく〉もまた、そうした扮装の小道具の一つだったが、〈ぼく〉を使い、教養を備えた文化人を演じることで、現実の自分のみじめな境遇からひととき逃れたいという感情もあったのかもしれない。

いずれにせよ、そうした「扮装」がある程度の効果を持ったことからも、この時代には教養が強い憧れの気持ちを呼び起こしていたこと、また自称詞〈ぼく（僕）〉が、この時代まではまだ、教養や学歴のイメージと強く結びついていたことがわかる。

「男はつらいよ」諏訪家三代の〈僕〉

大久保清が連続殺人を犯す二年前の一九六九（昭和四四）年。山田洋次監督、渥美清主演の映画「男はつらいよ」が封切られた。人気テレビドラマを下敷きにしたものだったがヒットし、その後一九九五（平成七）年の第四八作まで続く人気シリーズとなった。

　主役の寅さんこと車寅次郎の普段の自称詞は〈俺〉だが、公の場では〈わたくし〉となる。例えばテキヤの商売で名乗る際には、「わたくし、生まれも育ちも葛飾柴又です」と言っている。〈わたくし〉を使う際には声を張り、きびきびとしたリズムで発声する。いつもの、〈俺〉を使っている場合とは明確に異なる特別な状況であることを示している。〈僕〉を使うこともある。だいたいは寅さんが女性を意識しているときで、すっかり緊張し、顔には愛想笑いを浮かべている。〈僕〉は寅さんにとって、明らかに身につかない、よそ行きの自称詞だった。これが一九七〇年前後の庶民と〈僕〉の距離感だった[*25]。「男はつらいよ」（第一作）で〈僕〉を使うのは、前田吟演じる諏訪博《すわひろし》である。博は寅さんの叔父夫婦が経営する団子屋「とらや」の裏にある印刷工場の工員であり、寅さんの妹・さくらに思いを寄せている。当時の一般的な言語感覚からすれば、高校中退の工員である博が専ら〈僕〉を使っているのは違和感があったに違いない[*26]。だが、そんな言葉遣いも、ギターを弾く彼の姿を他の工員から一層際立たせ、さくらの心をときめかす効果があったはずだ。

　寅さんは、自分は小学校もろくに出ていないのだが、だからこそ学歴を重視していた。

高校中退という博の学歴を嫌い、姑息な手段でさくらと博を引き離そうとする。しかしそんな妨害がかえって博のさくらへの告白を招き、二人は結婚することになる。

結婚式にやってきた博の父親・諏訪飈一郎《ひょういちろう》（志村喬）は、「北海大学」の名誉教授であった。「北海大学」は、旧帝国大学である国立の北海道大学を指していると思われる。博は父親に反発してドロップアウトし、東京の下町の工員となっていたのだが、もともとは戦前からのエリートである旧帝国大学教授の息子だった。不自然に見えた博の〈僕〉は、そんな背景を示すものだったのである。

飈一郎はこの後、第八作と第二二作に登場するが、第二二作「噂の寅次郎」では温泉宿に寅さんと一緒に泊まり、しつこく遊びに誘う寅さんに「僕は眠いんだ」と〈僕〉を使って断っている。寅さんはこの〈僕〉使用を鋭くとらえ、「僕ちゃんは眠いとよ」と〈僕〉という言葉のまとう教養臭への反発を示している。

高校をドロップアウトした博は、シリーズが進むにつれ、大学に行かなかったことへの後悔にさいなまれるようになる。一人息子・満男に期待を寄せ、勉強するように口うるさく言い続ける。満男の自称詞は〈僕〉で、飈一郎から三代目の〈僕〉ということになるが、満男が育つ時代にはもはや、自称詞〈僕〉はありふれたものになっている。満男は浪人して大学に進むものの、結局は小説家になっており、学歴に意味があったのかどうかはよくわからない。

三田誠広の『僕って何』

一九六八、六九年頃には大学紛争があった。進学率が急激に上がり、学生数も急増したため、既存の大学施設では間に合わなくなり、大教室でノートを読み上げるような授業が増えた。学生の多くが不満を持ち、これが大学紛争の一つの原因となった。また、当時続いていたベトナム戦争や成田空港建設を巡る紛争なども火種となった。

当時は、大学生が「エリート」として社会的責任を果たそうとした最後の時代と言える。当時を物語る関係者の手記やインタビューなどでは、自称詞〈僕〉が使われることが非常に多い。その背景には、〈僕〉が当時の学生の一般的な自称詞であったという事情とともに、維新の志士たちが用いた〈僕〉と同じ、連帯の原理が感じられる。

しかし、それと同時期に、そうした政治的連帯と結びついた〈僕〉とはまったく異なる、新しい〈僕〉も生まれていた。一九七七（昭和五二）年に〈僕〉をタイトルに用いた小説『僕って何』[*27]が芥川賞を受賞した。この作品は、著者・三田誠広が早稲田大学で経験した大学紛争が題材になっている。地方から出てきた「僕」は誘われるままに「B派」に参加。ひとときの高揚を味わうが、やがて幻滅。B派を離脱して一般学生で作る「全共闘」に加わるが、全共闘も結局は党派が牛耳っていることに気づく。

いま、こうして僕は、ただひとり、行くあてもなく街路をさまよい歩いている。ここに自分が存在しているということ自体が僕にとってはやりきれない重荷だ。B派の中にも、全共闘の中にも、僕は自分の居場所を見つけだすことができなかった。この荷やっかいな〝僕〟というものを、いったいどこに運んでいけばいいのだろう。

政治的連帯が叫ばれていた一九六八―九年頃の大学キャンパス。そうした中でも、いや、むしろそうした中でこそ「居場所」を見つけられず、連帯から切り離された自己を強く意識する新しい感性が生まれていた。自称詞〈僕〉はここでは、そうした新しい自己を意味していた。自己の中身は今のところ中空であり、「僕って何？」と問われるようなもので、これから作り上げていかなくてはならなかった。それは、国家が教育を通じて有為な人材を作り出そうとし、個人も国家の要請に応えようとした「立身出世」の時代が終わりかけていることを示すものでもあった。

『僕って何』の「僕」は、傷ついて帰宅したアパートで母親と恋人に迎えられ、自分を取り戻す。この時代の男性は、女性の奉仕を自然に受け入れ、それによって自己を支えることを当然視していた。その構造が日本で問題視されるには、それからさらに長い時間が必要だったのである。

村上春樹の〈僕〉

作家・村上春樹は一九四九（昭和二四）年一月生まれで、一九四八（昭和二三）年六月生まれの三田誠広と同学年にあたる。村上は高校卒業後に一年浪人したが、三田は高校で一年間休学しているので、二人が早稲田大学に入ったのも同じ年であり、文学部の同じ学科に所属していた。二人とも授業にはあまり積極的に出ていなかったので、在学中に顔を合わせたことはなかったが、[*28]キャンパスで起きる様々な事件を近い場所で目撃していたのである。村上は一九六八年から六九年にかけての学生運動への幻滅を、しばしば振り返っている。

村上春樹は一九七九年、『風の歌を聴け』でデビュー、現在まで世界的な人気作家として活動を続けている。村上は長編小説を創作の中心としているが、二〇〇二年の『海辺のカフカ』まですべての長編小説で自称詞として〈僕〉を採用している（一九八五年の『世界の終りとハードボイルド・ワンダーランド』では〈私〉と併用（後述）。また、一九九九年の『スプートニクの恋人』では〈ぼく〉）。また村上は短編やエッセイでも一貫して〈僕〉を用いた。

村上の〈僕〉は、一九八〇年代から一九九〇年代にかけて、若者に大きな影響を及ぼした。単に小説だけでなくエッセイでも継続的に〈僕〉を使ったことにより、村上の作品全体が「僕」から見た世界像を表すかのように感じられた。「僕」は組織に属さない個人主義的なフリーランサーであり、ごく限られた女性や少数の友人としか親しい関係を持たない。それは村上自身とも重なる人物像だった。

そんな「僕」が、しばしば不可解な状況に巻き込まれ、サヴァイブしていく中で、不条理な世界のありようや残酷さに満ちた歴史が姿を表す。しかし「僕」はそれらと戦いつつも、断固として個人としての生き方を曲げようとしない。

作家の川上未映子は、村上をインタビューした『みみずくは黄昏に飛びたつ』で、村上の小説の〈僕〉について、「読んだ人の自己に直接結びつくようなところ」があり、「クールなあり方をする主人公に、憧れを抱きつつ自己を投影できる」「モラトリアムや甘えの構造も含んだ、切なさ（中略）が表現されている」と、その魅力を語っている。[*29]

この時代には村上の他にもコピーライターの糸井重里、中島らもなどの書き手が活躍したが、彼らの多くが自称詞〈僕〉を使い、国家や企業・大学などの組織に属さない自由な立場で、社会的な束縛や伝統から切り離された感性を表現していた。彼らが表現したのはあくまでも個人としての物の見方・感じ方であり、権威の後ろ盾もなかった。それだけに小さな世界であったが、その小ささこそが輝いて見えた時代であった。

当時の日本は経済発展の頂点にあり、生活には一定の余裕があった。若者の海外旅行なども盛んだった。そうした中で、多くの人たちが社会的な束縛から離れた個人としての生活を持とうとした。自由な感性を発揮できる場としてのサブカルチャーも盛んになった。村上らの〈僕〉は、社会に属することを示す〈私〉とは異なり、社会から切り離された自由な自己を表す自称詞と感じられていた。アメリカ文学やジャズ・ロックなどの音楽といった文化的な素養が、自由な〈僕〉の背景となっていた。その意味で、〈俺〉とも違っていた。

社会へのコミットメントを深める村上春樹

バブル経済が崩壊した後、一九九五年に阪神淡路大震災とオウム真理教による地下鉄サリン事件が相次いで発生、村上春樹は社会的関心を強めた。一九九七年に地下鉄サリン事件の被害者にインタビューした『アンダーグラウンド』、一九九八年にオウム真理教の信者・元信者にインタビューした『約束された場所で　underground 2』という二冊のノンフィクションを刊行した。この二冊では、インタビューの際に〈僕〉を使っている場面もあるものの、主に〈私〉を使用している。それは村上が社会へのコミットメントに際してふさわしいと考えた自称詞だった。このノンフィクション執筆は、村上のキャリアの中でも最大の転換点となっている。

二〇〇二年の『海辺のカフカ』は一人称の章と三人称の章が交互に表れる小説だった。その後の二本の長編小説、『1Q84』(二〇〇九、二〇一〇)、『色彩を持たない多崎つくると、彼の巡礼の年』(二〇一三)は三人称小説となった。その次の長編小説である『騎士団長殺し』(二〇一七)は一人称小説だが、自称詞として〈私〉を採用した。一九九五年以後の日本社会の混迷に対応し、村上が社会的コミットメントの意識を強めるのと機を一にして、自称詞〈僕〉の小説での使用から距離を取ってきたことがうかがえる。

村上は、先述のインタビュー『みみずくは黄昏に飛びたつ』で、「作者の方が五十代、六十代になってくると、小説の中の三十代の『僕』とは微妙に離れてくるんですよね。自然な一体感が失われていくというか」と、年齢的に〈僕〉が使いにくくなってきたことを明かした。[*30] また、「私」は観察する人、「僕」は周囲の強い力に導かれたり、振り回されたりする、と両者の性格の違いを説明している。[*31] そのうえで、『騎士団長殺し』の主人公「私」は観察をして、自分の立場を維持しようとする意志を持っており、かつての「僕」よりも社会性がある、としている。年を重ねた村上の中に社会性や時代への危機感が育ってきたことが、〈私〉の選択に結びついていることがうかがえる。

二〇二三年四月に発刊された最新の長編小説である『街とその不確かな壁』[*32]は、『騎士団長殺し』に続く〈私〉の一人称小説になった。

この作品は、一九八〇年に発表した『街と、その不確かな壁』[*33]という中編小説を書き直したものである。一九八五年の長編小説『世界の終りとハードボイルド・ワンダーランド』（以下『世界の終りと～』）も、実はこの中編の書き直しだったので、二回目の書き直しということになる。

『街と、その不確かな壁』は、高い壁に囲まれた街の図書館で古い夢を調べる男性「僕」を主人公とする作品である。「僕」は街に入る際に影と引き離されているが、最後には、その影と共に街から脱出する。

一方、『世界の終りと～』は、一見つながりがわからない二つの物語が一章ごとに交替して進行する構成になっている。そのうちの一つが、高い壁に囲まれた街を舞台とし、「僕」を主人公とする章（世界の終り）であり、『街と、その不確かな壁』を書き直した部分である。もう一つは、同時代の東京を舞台とし、「私」を主人公とする章（ハードボイルド・ワンダーランド）である。「私」は会話では自称詞〈僕〉を使っている。

「世界の終り」は「私」の意識の核に組み込まれた世界であり、その意味で「僕」と

「私」は同一人物であることが、小説が進むにつれて明らかになる。結末は中編『壁と、その不確かな壁』とは異なり、「僕」は影の逃走を見送り、自分は壁に囲まれた街にとどまることを決める。同時に「私」は現実の世界では意識を失い、「世界の終り」の中で永遠に生きることになる。

最新長編『街とその不確かな壁』でも『世界の終りと～』同様、壁に囲まれた街と現代[*34]の日本という二つの世界が舞台になっているが、そのどちらの世界でも主人公の地の文における自称詞は〈私〉であり、会話では主に〈ぼく〉を使っている。一方で主人公が一〇代の頃の出来事が記述された章では、地の文でも自称詞が〈ぼく〉であり、年齢によって使い分けられている。

この作品では自称詞の繊細な使い分けが見られる。例えば〈僕〉とひらがなの〈ぼく〉とは、人物によって明確に区別されて割り当てられている。ひらがなの〈ぼく〉が使われるのは主人公が一〇代の頃と、現在の「私」（壁に囲まれた街と現代の日本の両方）の会話部分、さらにもう一人の登場人物「イエロー・サブマリンの少年」の会話部分に限られており、他の登場人物は、会話で〈僕《ぼく》〉を使う時も、「僕」と漢字表記になっている。

一方、ひらがなの〈わたし〉が使われるのは、主人公が一〇代の頃の恋人である「きみ」の自称詞としてだけである。主人公がひらがなの〈きみ〉で呼びかけるのも、この

「きみ」と「イエロー・サブマリンの少年」だけで、他では〈君〉と漢字表記になっている。

この作品全体で見ると、会話でひらがな表記の自称詞が当てられているのは、主人公「私」と「イエロー・サブマリンの少年」（自称詞〈ぼく〉）、「私」の一〇代の頃の恋人である「きみ」（自称詞〈わたし〉）、壁に囲まれた街における主人公の影（自称詞〈おれ〉）、そして現代の日本で主人公に図書館長の職を譲る子易《こやす》さん（自称詞〈わたくし〉）だけであり、他はすべて漢字表記となっている。おそらく、主人公と特別な関係を持つ最重要キャラクターだけに自称詞のひらがな表記が使われているのだと思われる[＊35]。

作品の結末は、先行の中編『街と、その不確かな壁』とも『世界の終りと～』とも異なっている。壁に囲まれた街で夢読みの仕事をしていた「私」は、いったんは『世界の終りと～』と同様に影の逃走を見送り、街にとどまることを選ぶが、現代の日本で知り合った「イエロー・サブマリンの少年」が街にやってくると、その少年に夢読みの仕事を譲り、自分は街を離れることを決める。現代の日本で生きている「私」はかつて街から逃走した「私」の影であることが示唆されており、「私」は現代の日本に戻り、その影（もう一人の「私」）と一体化することになる。

この作品の「私」は経験と分別を備えた四〇代の男性である。一〇代の頃、恋人「きみ」を失った過去から、他人と深い関係を持てずにいるが、仕事をこなし、社会の中でそれなりの役割を果たして生きている。そんな「私」は福島県の町で子易さんの後継者として静かな生活を送る中で、徐々に新しい生の実感をつかんでいく。本当の自分は壁に囲まれた街にあり、自分はその影のような存在だったが、その街の夢読みの仕事を一〇代の少年に譲り、現代の日本で、よりトータルな人生を歩み出していく。その決断には、年齢を重ねた男性である「私」が、自分の位置を若い世代に継承するとともに、現実世界の中で自分の果たすべき役割を担っていこうとする強いコミットメントの意識が感じられる。現実世界から降りて夢の世界に入っていこうとするかのような『世界の終りと～』の結末とは対照的なものとなった。

このように、この小説で〈私〉は社会的な能力や判断力を備えた大人としての人格であり、その中に含まれた個人的な面やかつての若者としての部分が〈ぼく〉で表されているといっていいだろう。それは実のところ、現代の日本社会における一般的な自称詞の使い分けそのものである。

この作品は自称詞〈私〉を使って社会と向き合いながら、〈ぼく〉で表される個人としての側面やかつての子供・若者としての純粋性を守り、社会における人格〈私〉と両立させ、できる限り調和させせようとし、それを通じて成熟を遂げていく現代日本の男性の生き方を、自称詞の使い分けを駆使しながら描き出していると言えそうだ。

しかし、その陰に隠されているのは、それでは自称詞の使い分けができない女性はどのように社会的な面と個人的な面を調和させていったらいいのか、という問題である。この問題は自称詞〈僕《ぼく》〉と深いつながりのある村上の小説世界の中ではまったくの手つかずのままであると言っていいだろう。

小説家の川上未映子は前出のインタビュー『みみずくは黄昏に飛びたつ』で村上の小説全般について「女性が（中略）主体性を持ったうえで自己実現をするみたいな話の展開もできると思うのですが、いつも女性は男性である主人公の犠牲のようになってしまう傾向がある」と指摘しているが、[*36] 最新長編「街とその不確かな壁」でも、女性の登場人物は子易さん→「私」→「イエロー・サブマリンの少年」という男性登場人物の系譜を支え、時に自らを犠牲にしてその成熟を助ける役割を担わされているように見える。

最新長編で村上は、これまでの作品で重視してきたセックスを描かないなど、ジェンダーに関して新しい試みをしているのだが、それにも関わらず、村上作品の特徴とも言える男女の本質的な非対称性は維持されたままなのである。

〈僕〉の可能性とは

一九七〇年代以降、高等教育進学率の上昇に伴い、〈僕〉の使用は徐々に一般化していき、今ではどのような男性が使っても違和感のない自称詞になっている。かつて〈僕〉に込められていた連帯感は、一九六八年から一九六九年の大学紛争の終結とともに失われ、むしろ社会から切り離された自由な自己、私的な小さな世界を表現する自称詞となっていった。

現在広く男性に用いられるようになっている自称詞〈僕〉は、基本的にこうした性格のものであると考えられる。スポーツマン、芸能人、文化人などフリーランサーの側面を持つ男性が公の場で〈僕〉を使うケースが目立つのは、こうした性格ゆえかもしれない。しかし、この〈僕〉がもともとの意味である連帯性を取り戻すことはないのだろうか。

終章ではその可能性を探ってみたい。

＊1　日本戦没学生記念会編『きけ　わだつみのこえ　日本戦没学生の手記』（岩波文庫、一九八二、原著は一九四九年発行）

＊2　仮名垣魯文「牛店雑談　安愚楽鍋」『日本近代文学大系』第1巻　明治開化期文学集（角川書店、一九七〇）

＊3　『黙阿弥全集』（春陽堂、一九二四）
＊4　『全集』に収録された作品のうちで、維新以前の作品では、慶応三（一八六七）年二月に上演された「質庫魂入替」（通称：質屋の蔵）に登場する商人が〈僕〉を使うが、この人物は明らかに明治時代の「文明開化」を擬人化したものなので、初上演当時ではなく、後の改作で加わったものではないかと思われる。
＊5　渡辺保著『黙阿弥の明治維新』（岩波書店、二〇一一）
＊6　河竹登志夫著『黙阿弥』（文芸春秋、一九九三）
＊7　新保磐次著『日本読本　第二』（金港堂、一八八七）
＊8　坪内逍遥著『一読三歎　当世書生気質』（岩波文庫など。原著は一八八五―一八八六年）
＊9　二葉亭四迷著『浮雲』（岩波文庫など。原著は一八八七―一八九一年）
＊10　尾崎紅葉著『金色夜叉』（岩波文庫など。原著は一八九八―一九〇三年）
＊11　『漱石全集』（岩波書店、一九九三―一九九九）を参照した。
＊12　祁福鼎「明治時代語における自称詞　―その全体的諸相―」（明治大学大学院『文学研究論集』第26号、二〇〇七）
＊13　松井利彦「書生のことばの展開」（『国語学』154集、一九八八）
＊14　『大杉栄全集』（現代思潮社、一九六四）を一通り確認した。
＊15　高村光太郎「父との関係」（『高村光太郎選集』第6巻（昭和21―31）春秋社、一九七〇）
＊16　同右

*17 『高村光太郎全詩集』（新潮社、一九六六）

*18 同右

*19 日本戦没学生記念会編『新版 きけ わだつみのこえ ―日本戦没学生の手記―』（岩波文庫、一九九五）

*20 同『新版 第二集 きけ わだつみのこえ ―日本戦没学生の手記―』（岩波文庫、二〇〇三）

*21 ただし、〈僕〉使用が制裁の対象になったのは下士官と兵が生活する内務班での話であり、将校たちは彼ら自身、しばしば自称詞〈僕〉を使っていた。将校の手記、著書、証言等で〈僕〉が使われていることは珍しくない。軍隊内には階層差があり、下士官・兵の多くが高等教育を受けない庶民出身であったのに対し、士官学校を卒業した将校たちは社会の中層以上の出身だった。広田照幸著『陸軍将校の教育社会史』（上下巻、ちくま学芸文庫、二〇二一）によれば「明治中期からは陸幼（陸軍幼年学校）が将校の子弟等を除いて自費制になり、陸士（陸軍士官学校）の受験資格が中学卒業以上になることによって、また下士からの昇進の道が閉ざされることによって、社会の中層以上の階層でなければ、ほとんど将校になることは不可能であるようなリクルート構造になった」（下巻、p.225）。

*22 NHKエンタープライズが二〇一〇年に発売したDVD版を視聴した。

*23 岩手県農村文化懇談会編『戦没農民兵士の手紙』（岩波新書、一九六一）

*24 筑波昭著『連続殺人鬼大久保清の犯罪』（新潮社、二〇〇二）

*25 もっとも、山田洋次が朝日新聞に二〇二三年五月現在連載している回想的エッセイ「夢をつく

る」を読むと、そこに登場する渥美清はごく自然に〈僕〉を使っている。私生活を一切明かさなかった渥美清の実像は謎に包まれているが、山田が回想する渥美は含蓄のある言葉を口にする、物静かで哲学者めいた人物であり、「寅さん」とは対照的とも言える。「寅さん」はあくまで「演じられた庶民」であったことには注意する必要があるだろう。いずれにせよ、当時「寅さん」の「お前、さしずめインテリだな」といったセリフに共感した多くの観衆がいたことは間違いない。

＊26　著者の父は一九六〇（昭和三五）年ごろに東京で中堅生命保険会社の営業社員として就職したが、同期に自称詞〈僕〉を使う人がいて、「変なやつだと思った」という。父は静岡県浜松市近郊の出身で、名古屋の中堅私立大学を卒業している。大卒とはいえ、エリートとはやや距離のある位置にいた父の目から見て、当時、成人男性が〈僕〉を使うのは違和感のあることだったわけである。「男はつらいよ」の公開はそれから一〇年近く後のことだが、おそらく、このあたりの一般的な言語感覚は変化していなかっただろう。

＊27　三田誠広著『僕って何』（河出文庫、一九八〇）

＊28　代島治彦著『きみが死んだあとで』（晶文社、二〇二一）所収の三田誠広のインタビューによる。この本は同名のドキュメンタリー映画に基づくものであり、映像でも同趣旨の発言を確認できる。

＊29　『みみずくは黄昏に飛びたつ　川上未映子　訊く／村上春樹　語る』（新潮文庫、二〇一九）

＊30　同右、p.33

＊31　同右、p.353
＊32　新潮社、二〇二三
＊33　『文學界』一九八〇年九月号（文芸春秋）所収
＊34　正確にいつなのかは明確ではない。第二部は福島県の内陸の町が舞台になっているが、二〇一二年の東日本大震災が話題になることがないことからその前とも考えられる。一方で、福島県の沿岸部ではなく内陸部であることを考えると、この作品が執筆されていた二〇二〇年以降と考えても、大震災が話題に出ないことにはそれほどの不自然さはないのかもしれない。
＊35　そうした解釈をした場合に問題になるのは、「私」が壁に囲まれた街で出会う少女の自称詞が〈私〉と漢字表記であり、「私」からも「君」とやはり漢字表記で呼ばれていることである。この「君」は一〇代の頃の恋人である「きみ」の分身（「本当のきみ」）であるはずなのに、どうして漢字表記になるのだろうか。この「君」は、重要ではないキャラクターだということだろうか。あるいは、「君」は実は「きみ」の分身ではないのかもしれない。
　ちなみに先行の中編『街と、その不確かな壁』ではどちらも「君」と漢字表記に揃えられている。
＊36　『みみずくは黄昏に飛びたつ』p.306-307

終章

女性と〈僕〉

——自由を求めて

ぼくはとても明るい場所にいる。太陽がぼくを嫌おうが好こうが、ぼくは明るい場所にいる。部屋はマッチとろうそくと蛍光灯がそれぞれ、音を忘れて光っている。ぼくのこともわすれて光っている。かれらは光ること以外、わすれてしまったの。わすれてしまったの。

（最果タヒ「死ぬ間際にいう言葉がそれであればいいのに。」）[*1]

これまでのまとめ

これまで、日本における自称詞〈僕〉の歴史をたどってきた。〈僕〉は古代に中国から日本に入ってきたが、中世には文献から消え、再び見られるようになったのは一七世紀後半、元禄時代の前後であった。それは、戦乱の世がようやく遠い記憶となり、武士たちの関心が学問に向かい始めた時代であった。そのような時代に、儒学を学ぶ者たちは中国の「師道論」に注目し、そこで使われた対等の関係を表す自称詞〈僕〉をまねて、身分社会の秩序を超えた連帯のあいさつを送り合った。

泰平の世が長く続き、学問が普及するに伴い、自称詞〈僕〉は武士や文人の間で広く使われるようになる。儒学だけでなく、国学や蘭学、また漢詩、和歌、俳句、絵や芝居などの文化の華が開く場で、しばしば自称詞〈僕〉を用い、身分の上下を超えた交流の網が日本中に広がっていった。

幕末の政治運動では、このネットワークが大きな役割を果たす。身分社会から（まがりなりにも）「四民平等」がうたわれる近代社会への転換点で、志士たちの出会いの場はしばしば藩校や私塾であり、活動の背景には、教育や学問を通じた交流があった。志士たちが教育の場で使われる自称詞〈僕〉を互いに用いたのはそのためだった。その代表例が吉田松陰と弟子たちであり、彼らは自称詞〈僕〉を使い、身分や立場の大きな差を乗り越えて連帯の輪を広げ、政治活動に生かしていったのだった。

そして迎えた明治時代には、自称詞〈僕〉は学校教育と結びつき、学童の言葉として階級を超えて広がっていく。しかし、子供はともかく、大人になってもまだ〈僕〉を使っているのは、教育を受ける期間の長い高学歴者や文学者などの文化人が主だった。その意味で〈僕〉は、社会的なステータスをも示す自称詞だった。この傾向は、戦後になっても一九七〇年代頃まで残っていた。一九七〇年前後の学生運動の参加者が〈僕〉を使っていたのはその最後の名残だった。

学生運動の挫折を背景に登場した三田誠広や村上春樹らの文学者は、伝統や束縛から切り離された自由な感性を自称詞〈僕〉に込めて表現した。大学進学率も上がり、〈僕〉使用が少しずつ「大衆化」する中で、こうした作家たちはその先頭に立つことになった。

現在、〈僕〉は誰が使ってもおかしくない自称詞となった。〈私〉に代わり、公の場で使われる機会も増えている。〈俺《おれ》〉〈私〉と異なる「柔らかさ・丁寧さ」「優しさ」「りりしさ」「純粋さ」などを示す自称詞として、一層一般化しつつある。

ストーリーの欠落としての女性

ここまでのストーリーにはしかし、大きな欠落がある。人口の半分を占める女性こそがそれであることは言うまでもない。〈僕〉が一般化した現代においても、女性が公の場で〈僕〉を使えば、確実に人目をひく。それが職場であれば、上司の注意を受けることもありうるし、学校であれば、男子にからかわれたり、教師に注意されたりするだろう。「〈僕〉は誰が使ってもおかしくない」という前段落の言葉には、大きな留保がつく。「ただし、男性でありさえすれば」。現代においても、女性の〈僕〉使用は、社会的なタブーなのである。

それでは、〈僕〉という自称詞を使わないことになっている女性たちの目に、〈僕〉という自称詞は、そしてそれを使う男性たちは、どのように映ってきたのだろうか。終章ではこの女性と〈僕〉の関係を探り、自称詞〈僕〉のありうる未来に思いをはせてみたい。

江戸時代、女性は〈僕〉を使わなかった？

江戸時代、自称詞〈僕〉の使用は男性どうしの間に限られていた。女性が〈僕〉を使わないばかりか、男性が女性に対して〈僕〉を使って語りかけることもなかったようだ。〈僕〉を使って多くの書簡を書いた吉田松陰も、女性相手に〈僕〉を使ったことはなかった。〈僕〉はあくまでも、男性どうしの対等の関係に伴う自称詞と考えられていたのである。

江戸時代には、少ないとはいえ、女性の知識人や文人もいたが、〈僕〉を使うことはなかったと見られる。もともと「僕」という字に男性であるという意味合いが含まれているからだ。

「僕」とはそもそも、男性の奴隷、従僕、使用人を指す字である。それに対し、女性の奴隷、従僕、使用人を表す「妾」という字があり、「僕」と対になって使われていた。「わらわ」「しょう」、ときに「わたし」と読まれ、江戸から明治にかけての女性の文章ではしばしば、自称詞として登場する。[*2] もっとも、時代が進むにつれ、〈僕〉のように教科書に採用されるようなこともなく、漢文教養の衰退とともに、徐々に使われなくなっていった。

この字に「めかけ」という意味があったことも、抵抗感を抱かせたようである。

しかし、江戸時代のように漢学の教養を基礎とした社会では、教養があればあるほど、女性が〈僕〉を使うことは間違いであり、〈妾〉を使うべきだという結論に導かれたはずである。こうしたことからも、江戸時代に女性が〈僕〉を使うことはなかったのではないかと推測される。

「男性化」への拒否感

明治五（一八七二）年に、日本初の近代的学校制度を定めた学制が公布された。その序文は「これからは、華士族、卒、農工商及び婦女子まで一般の人民も、学ばない家や人が決してないようにする」（現代語訳）と、身分や性別にかかわらず、みなが教育を受けることをうたっていた。実際には男子への教育がはるかに先行し、女子教育への取り組みは質・量とも不十分だったが、同年、女子教育の模範として、官立の東京女学校が竹橋に設立された。この女学校は開明的な知識人などの娘たちが学ぶ、先進的な学校だった。わずか五年で廃校になったが、生徒や教育内容は東京女子師範学校へと受け継がれ、女子の中等教育が徐々に拡充されていく原点となった。

東京女学校では生徒の服装として、袴《はかま》を正式に採用した。[*3]「女子の従前の服装では教室では不都合」との文部省の考えによるものだった。幅広の帯で幾重にも身体を締め付ける和服は動きにくく、特に椅子と机で長時間勉強するには向いていないという判断だった。

これに対し袴は太い帯が不要で、前すその乱れも隠されて人目を気にする必要もないため、動きやすく、運動もできた。現代でも「戦前の女学生」と言えば袴のイメージがあり、女子大学生が卒業式で着用したりするが、それはここに始まっている。

しかし、それまで袴は男性だけが着用していたものだったので、袴姿で通学する女学生は波紋を広げ、感情的な批判も寄せられた。明治五年二月の『新聞雑誌』の記事[*4]には「洋学女性と見え、大帯の上に男子の用ひる袴を着し、足駄をはき、腕まくりなどして、洋書を提げ往来するあり、如何に女学生とて、猥《みだり》に男子の服を着して浮気がましき風俗を為すと、すでに学問の道他に馳せて女学の本意を失ひたる一端なり」とあり、男の袴を着た「洋学女性」が「浮ついた風俗」「学問の道を外れている」と批判されている。袴姿への強い拒否感が感じられる。

そうした批判の一部として、彼女らは言葉遣いも男のようだと非難された。一八七五（明治八）年一〇月三日付の『読売新聞』に掲載された読者投稿では「開化百馬鹿の四」と題して、架空の女学校生どうしの会話を書いている。

「僕の北堂《おい》（母親）がね　先日お前はモウ他へ嫁さないと時が遅れるから人に依頼して置たと申《もうし》ましたが否《いや》なこと　けちな官員や何処の馬の骨だか知れない書生

なんぞに配偶するよりも早く女教師に成って気楽になればねえ　芝居も勝手にいかれナイスの俳優《やくしゃ》も上げられモニイ《マネー》が沢山有れば男妾でも何でも置けますから今のうち勉強して何でも女教師に成る積《つも》りで居ますは」

「本とうにそうですよ　曖昧とした亭主なんぞを持《もっ》のは不見識ですよ　君きッと北堂へ断りたまへ」

「エース《イエス》　エース」

この想像上の会話では、つまらない男性と結婚するよりは、教師になり、芝居に行ったり、イケメンの俳優と遊んだりした方がよい、お金を稼げば愛人も置ける、と自称詞〈僕〉を用いて怪気炎を上げる女学生の姿が描かれている。この会話に続いて投稿者は「何と厄介な学校娘でハ有《あり》ませんか　男妾や芝居へいく目的で女教師に成られてたまりますものか　綻《ほころび》そうな曙ぞめの袴サねえ」と記している。

この投稿者はどうやら、女学生の袴姿を見るうちに、女性が男性化するのではないかと不安になり、妄想を広げているらしい。当時、女性が教師になったところで、男性教師よりはるかに薄給だったので、たまに芝居に行くぐらいはともかく、「男妾」など養えたはずもない。そんな妄想の会話の中で〈僕〉が使われているからと言って、当時の女学生が

〈僕〉を使った証拠とは言えそうもない。

女学生が〈僕〉を使うという話はこの後も、戦後に至るまで繰り返し新聞や雑誌に登場し、激しく批判されている。しかしそうした記事は男性が書いたものである。現代においても女子が仲間うちで〈僕〉や〈俺〉を使うことはしばしば見られるので、同じことは昔からあったと考えられるが、〈僕〉を使った女性本人の回想といった「証拠」はなかなか見つからない。女性の〈僕〉使用はそれだけ強く抑圧されていたのである。上記の投稿者の言葉からは、女性が「男性化」して自立することへの拒否感が非常に強く、〈僕〉使用はその一環と思われていたことがうかがえる。

「女性は女性らしく」

東京女学校は明治維新直後の欧化思想の影響を強く受けた学校だったが、一八七九（明治一二）年に明治政府は「教学聖旨」を発布し、儒学的な道徳教育を宣言。中等教育から男女別学となり、一時は女子の袴着用も禁止するなど、「女性は女性らしく」教育する方向に転換した。

こうした変化の背景にあったものを、言語学者の中村桃子は「ジェンダー化された国民化」と表現している。[*5] 明治政府は、男性国民は「国家の第一の担い手」として、「労働力・兵力」の役割を期待した一方、女性国民は妻・母として、「男性国民の扶助と次代の育成」という第二の担い手としての役割を割り当てた。このように、男女を明確に分け、それぞれの役割を割り当てて国民を教育するのが明治政府の方針だった。この方針の下では、女性は男性の補助的な役割に甘んじ、分を心得、間違っても男の領分を侵さないでいることが求められた。女性が自称詞〈僕〉を使うことを神経質に禁止しようとするのも、男女の別をはっきりさせるという目的に沿ったものだった。

河竹黙阿弥が描いた女書生の〈僕〉

明治の初期から中期にかけて、男性作家が書いた作品の中には、女性が〈僕〉を使う例がいくつか見られる。

一八七七（明治一〇）年四月に上演された河竹黙阿弥《かわたけもくあみ》の「ざんぎり物」（現代劇）である「富士額男女繁山」（通称：女書生繁）[*6]は、当時の状況をうかがわせる興味深い作品だ。この作品の主人公・妻木繁《つまきしげる》は、実は女性（お繁《しげ》）であるが、男装して書生をしているという設定である。

妻木お繁は群馬県伊香保の士族・妻木右膳の娘であったが、両親はそれまで生まれた子どもが相次いで亡くなったことから、女子を男子として育てれば無事に成長すると聞き、お繁を男子・繁として育てた。右膳は私学校を経営する教育者であり、繁に高い教育を授けた。繁は成長して洋学を学ぶために東京に出たが、周囲には女性であることを隠しているという設定である。

男装をしている理由として、繁は「市中に女学校も立つては居れど今更に、女になるよりいつその事、書生となつて塾に入《い》り勉強なして一廉《ひとかど》の腕に力を得た上で、心に望む志願を貫き、江湖（世間のこと）に其名を売る所存」と言っている。男性の方が洋学など最先端の学問に触れて出世する機会があるということだろう。当時の女性には、男性のように官員になったり、企業に勤めたりする可能性はなかった。

実際、この作品中、女性としての繁（お繁）のキャリアの可能性として父親など周囲が口にするのは専ら「教師」であり、高い教育を受けた女性にも、それ以外の可能性はほぼ閉ざされていたことがうかがえる。

繁は亡き母の弟である惣助の世話で、元旗本で役人の神保正道の家に寄宿しているが、郷里の父が病気であると聞き、助けるために神保の金二百円を持ち逃げし、伊香保に向かう。その途中で人力車夫・直次郎に女性であることを知られ、違法である異性装を告発すると脅されて関係を強要される。

誇り高い父親には二百円の受け取りを拒否されるが、密かに仏壇に置いていく。その後、神保の屋敷に連れ戻されるが、神保は繁が女性であることを知るや、自分の妾にすると宣言、二百円は支度金として与えたものとして、おとがめなしとする。あまりに唐突な展開であるが、後に、神保は繁と関係を持つことはなく、繁に同情して、名目上妾にすることで保護を与えたという種明かしがされる。

その後、繁は直次郎が父・右膳を殺し、二百円を奪ったことを知る。直次郎は繁との関係を種に神保をゆすりに現れるが、繁は直次郎と結婚すると言い、神保のもとを去る。そして油断した直次郎を殺し、父親の敵を討つ。この作品は、「男装した女書生」という斬新な設定が、古色蒼然とした仇討《あだう》ち劇の展開の中に埋もれていき、現代から見れば惜しい作品という印象を残す。

繁＝お繁の自称詞使い分け

繁は書生仲間と〈君〉〈僕〉で話すほか、人力車夫、女性など様々な相手に対し、専ら〈僕〉を使って話している。繁を将来有望と見て自分の娘を繁と結婚させようとする富裕な商人・戸倉利右に対しても、言葉遣いは丁寧だが〈僕〉を使っている。戸倉は年配で富裕であるが、士族である繁から見れば、戸倉自ら言うように「高の知れたる平民」であるため、気楽に話している面があるのではないかと思われる。

また繁は、叔父である惣助に対しても〈僕〉を使う。惣助は善良で律儀だが、うだつの上がらない人物で、神保正道の家で「若党」（従者）として雑用をしている。まだ髷《まげ》を結っている設定で、繁は「不断から、おれ（惣助）を捉へて旧弊だの、やれ頑固だのと吐《ぬ》かし」ていた。目上の叔父とは言うものの、あまり敬意のない、気安い関係であることがうかがえる。

一方、繁は神保正道に対しては〈私《わたくし》〉を使っており、言葉遣いも堅い。神保を〈君〉と呼んでいるが、友人に対する〈君〉ではなく、「主人」という意味を含んだ〈君〉であるようだ。当時の〈僕〉は敬意を持つ目上の人物に対しては使いにくい自称詞であることがわかる。

さて、神保の妾になったあと、繁は女性の姿になり、名前も「お繁」に戻る。言葉遣いも女性らしくなるが、書生仲間が訪ねてくると一瞬男っぽい言葉になり、相手を〈君〉と呼んだり、男っぽい態度が出たりするのが、俳優の腕の見せ所であったようである。ただ自称詞は専ら〈わたし〉である。

繁＝お繁が最後に〈僕〉を使うのは、直次郎と共に神保のもとを去る場面である。繁はその場に居合わせた書生仲間の牛窪と馬淵に、「君達も、その内僕が弊屋を、郵便を以て報知するから」（新しい住所を知らせるという意味）と漢語の多い書生言葉で話しかけるが、

「夫」となった直次郎に「これ、そんな女があるものか」ととがめられる。「つい昔が出てならない、牛で一杯上げたい（牛肉をさかなに酒を呑ませたいという意味）から、休暇に必ず出ておいでよ」と柔らかい女言葉で続けるが、牛窪・馬淵は直次郎を選んで神保を裏切った繁に腹を立てており、「恩を知らねえ畜生に、如何に酒が呑《の》みてえとッて、尻尾を振って行くものか」と拒絶された繁＝お繁は、「来いというのもほんの世辞、来られないのが嬉しいのさ」と憎まれ口を叩く。このようにして繁＝お繁は書生仲間の男性社会から放逐されるのである。これ以降、最後までお繁は女性口調で通す。

このように、この作品は女装した男性という特殊な設定であるためにかえって、〈僕〉が厳密に男性の自称詞と考えられていたことがあらわになっている。繁が男性社会から放逐されるとともに、〈僕〉を使うことは事実上、禁止されるのである。

『当世書生気質』の中の女性の〈僕〉

明治二〇年前後から、近代日本文学の成立に向けた動きが始まる。坪内逍遥の『一読三歎《いちどくさんたん》当世書生気質《かたぎ》』（一八八五—一八八六（明治一八—一九））[*7]年と二葉亭四迷の『浮雲』（一八八七—一八八八（明治二〇—二一）年）[*8]は日本文学成立期を代表する作品として知られている。興味深いことに、この二作品のどちらにも自称詞〈僕〉を使う女性が登場する。

『当世書生気質』は一八八二（明治一五）年頃の東京の書生（学生）たちを描いた作品で、彼らは互いに〈僕〉〈君〉で呼び合っている。真面目な者もいるが、親の仕送りを浪費して遊んでいる者も多い。

この作品で〈僕〉を使う女性は、お豊という一四、五歳ぐらいの少女で、最初は楊弓《ようきゅう》場で働く女性として登場し、それから本郷の牛肉店（牛鍋屋）の女中として再登場する。楊弓場は弓矢で的に当てる遊び場だが、実情は風俗店の一種であり、そこで働く女性はカネで買えるのが常識だった。お豊は、当時の東京の繁華街で、身を売って働いていた数多い少女の一人なのである。

お豊は楊弓場で働いていたとき、道を通り過ぎようとする書生・須河の時計を取り上げ、店に連れ込むことに成功する。しばらく後、須河は友人継原と訪れた牛肉店で、お豊が働いているのを発見する。

しかし、お豊は馴染《なじ》み客がいるようで、なかなか二人の所に来ようとしない。継原が好きな男がいるんじゃないかと冷やかすと、「それでも貴君《あなた》。どうで僕なんぞがリイベン〔恋着〕したッて無効《むだ》ですものを」と洒落《しゃれ》のめして答える。自分が男に惚《ほ》れても相手にされないだろう、という意味だが、〈僕〉に加えてドイツ語の「リイベン」（愛）を使っている。継原は「オヤオヤ。生意気な言語をしつてゐやアがる。何処の医学校の情人《いいひと》に教へてもらった、白状しないとくすぐるぞ」とからかう。

お豊は普段、自称詞〈わたい〉を使っており、〈僕〉や「リイベン」を使うのは冗談めかした発言だが、書生たちと日常的に接していながら、自分は学びの場から幾重にも排除されている若い女性の憧れがにじんでいるようだ。ひょっとしたらお豊も学校に行って勉強したかったのかもしれない。しかし、それは到底かなわない夢なのだった。当時の東京にはお豊のような女性は無数にいただろう。作者・逍遥は執筆当時、娼妓と恋愛中であり（一八八六（明治一九）年に結婚）、そうした女性の境遇や心情を知っていた。

『浮雲』の中の女性の〈僕〉

二葉亭四迷の『浮雲』は、青年・内海文三が役所をクビになり、愛する女性をもライバルに奪われるという小説で、「学問を通じた立身出世」という明治時代の社会原理の裏側を描いたものと言えるだろう。文三は真面目な努力家だが、融通が利かず、上司にお世辞一つ言えない。学校では優等生だった文三は、実社会ではお世辞のうまい、如才ないタイプに負けてしまうのだった。

文三の恋の相手は、東京で世話になっている叔父の娘、つまり従妹のお勢で、もともとは文三のことを憎からず思っており、母親も文三と結婚させようと思っていた。お勢は塾に通う女学生であり、当時の思想の動向などに旺盛な興味を持つ女性である。

文三は役所をクビになったことで、お勢の母親になじられるが、お勢は文三を弁護して母親と口論する。それを聞いた文三とお勢の会話では、

「エ母親《おっか》さんと議論をなすった」

「ハア」

「僕のために」

「ハア君のために弁護したの」


と一瞬〈僕〉〈君〉口調になる場面がある。普段は文三はお勢相手には〈私〉で話しているが、お勢が自分を弁護してくれたと聞いた文三は感激し、より親しい口調である〈僕〉を使ってしまう。それにお勢も応えて、〈君〉で返すという場面である。

しかし、お勢自身が〈僕〉を使ったのは文三相手ではなかった。文三の友人で、役所でも順調に出世している本田昇は、お勢を狙っている。文三がいない間に家に上がりこみ、お勢と話をしている。そこに文三が戻ってくる。お勢は昇が酷いことを言うと文三にふざけた調子で訴え、昇は（男女）同権論者ではないと言う。

「(昇)(前略)アハハハ、如何《どう》して我輩ほど熱心な同権論者は恐らくはあるまいと思う」
「(お勢)虚言《うそ》仰《おッ》しゃい、譬《たと》えばネ熱心でも貴君《あなた》のような同権論者は私《わたし》ア大嫌い」
「(昇)これは御挨拶　大嫌いとは情けない事を仰しゃるネ　そんなら如何いう同権論者がお好き」
「(お勢)如何云うって　アノー僕の好きな同権論者はネ　アノー……」
と横顔で天井を眺めた
昇が小声で
「文さんのような」
お勢も小声で
「Yes……」
と微かに云って　可笑しな身振りをして両手を貌《かお》に宛てて笑い出した　文三は愕然としてお勢を凝視《みつ》めていたが、見る間に顔色を変えてしまった
文三は昇とお勢が二人で自分をからかっていると思い、怒りを感じる。ここでお勢が口

にする自称詞〈僕〉は、「同権論者」といった当時の流行りの議論をしているという気負いや、二人の男の間で駆け引きを楽しんでいる高揚した気分を表す言葉ともなっている。

〈僕〉が映す学生文化への憧れ

ここで引用した河竹黙阿弥、坪内逍遥、二葉亭四迷は言うまでもなく、全員が男性である。三人とも一流の書き手と言ってよく、その作品は、当時の社会・風俗を活写したものとして定評がある。

しかし、黙阿弥の「男装の女書生」という設定は基本的に、芝居のための趣向にすぎない。男性である歌舞伎俳優が「男装した女性」を演じ、状況に応じて男になったり女になったりするのが見せ場であった。当時、男装した女性の書生は実際にいたが、[*9]黙阿弥はそうした世に知られない存在をリアルに描こうと思ってこの芝居を書いたわけではないのである。それでも、「男装の女書生」という設定により、当時の「ジェンダー化された国民化」の状況と自称詞〈僕〉との関係が浮かび上がった作品となっている。

一方、『書生気質』『浮雲』は、坪内逍遥が『小説神髄』で主張した写実主義に基づき、現実を描き出そうとした作品である。そこに登場する女性の〈僕〉使用は、当時の女性が〈僕〉を使う場面を、それなりに現実的に描写したものと考えていいのではないだろうか。

どちらも普段は〈僕〉を使わない女性による、冗談めかした発言という設定である。男女の駆け引きの要素や「同権論者」といった言葉の登場で、男性との「対等性」がその場だけ成立している。それに加え、東京を中心に当時成立しつつあった〈僕〉を合言葉にする学生・若者文化のごく近くにいながら、そこから排除された若い女性の憧憬が、〈僕〉という言葉を使わせているのであろう。ドイツ語の「リイベン」や「同権論者」といった当時最新の知的な言葉が使用されていることに、彼女らの「自分たちだって」という気持ちがにじんでいる。気楽な場の雰囲気から、彼女らの〈僕〉使用は許容される。だが彼女らは、〈僕〉を使い続けることはできないし、男性と本当の意味で対等に扱われることはない。

近代日本文学史の始まりを告げる二作品にともに〈僕〉を使う女性が登場することは、日本の近代文学、学生・知識人文化、ひいては政治文化が何を切り捨てて成立したかを如実に物語っている。

田辺龍子『藪の鶯』

明治中期までは、女性は〈僕〉を使わないばかりでなく、男性が〈僕〉を使って女性に話しかけることも好ましくないという意識が多少は残っていたようだ。『当世書生気質』

には〈僕〉を使って女性に話しかけた男性が慌てて〈私〉に言い換える場面があるし、『浮雲』の文三とお勢の〈僕〉〈君〉の会話も一瞬で、文三はすぐに〈私〉に戻してしまう。一方で『当世書生気質』の中にも男性が女性に〈僕〉で話しかける場面もあり、過渡期だったと思われる。

一八八八（明治二一）年、女学生・田辺龍子が発表した小説『藪《やぶ》の鶯《うぐいす》』*10は、こんなセリフから始まる。

男「アハ、、、。此ツー、レデースは。パアトナア計《ばかり》お好《すき》で僕なんぞとを（お）どつては。夜会に来たやうなお心持が遊ばさぬといふのだから。」

明治政府の欧化主義の象徴だった鹿鳴館の舞踏会。駆り出された二人の若い女性《ツー、レデース》に男性がダンスを申し込むも断られ、悔し紛れに「僕なんかと踊っても夜会に来た気がしないのか」と馬鹿笑いする場面である。

田辺龍子は外交官の娘だったが、父の浪費癖で家計は火の車だった。もと幕臣でありながら、かつての敵である明治政府に仕えていた父には屈託があったともいう。前年に亡くなった龍子の兄の一周忌の費用がなくて家族が困っていたとき、『当世書生気質』を読んだ龍子が「これなら書ける」と書いてみたのが『藪の鶯』で、女性が書いた日本初の近代小説とされる。その原稿料で、兄の一周忌法要を無事に営むことができたのである。

『藪の鶯』は、『当世書生気質』の女性版ともいうべき女学生の群像小説である。登場する女学生たちは自称詞〈僕〉を使わない。作者を投影した女学生・服部浪子は、「明治五六年頃には。女の風俗が大そうわるくなって。肩をいからしてあるいたり。まち高袴をはいたり。何か口で生《なま》いきな慷慨なことをいって。誠にわるい風だそうでしたが」と、かつての「男性的」な女学生風俗に批判的である。

この前後で、浪子の友人の女学生たちは「いやなこったワ。だれが御嫁なんか行《いく》もんか」「先生になれば男なんかにひざを屈して。仕ふまつツてはゐないはネー」と、教師になって自立したいと話しているのだが、浪子は「ですからこの頃は学者たちが。女には学問をさせないで。皆な無学文盲《原文ママ》にしてしまつた方がよからうといふ説がありますとサ。少し女は学問があると先生になり。殿様（夫）は持《もた》ぬといひ升《ます》から。人民が繁殖しませんから。愛国心がないのですとサ」と自立志向の友人たちを諫《いさ》め、「たかぶり生《なま》いきの出ないようにして。温順な女徳をそんじないやうにしなければいけません」と謙譲の美徳を説いている。浪子ひいては作者が選んだのは、明治政府の「ジェンダー化された国民化」の方針に従い、女性に与えられた役割を積極的に担うことで生きる道を探すことであった。田辺龍子はその後、評論家・三宅雪嶺と結婚。三宅花圃《みやけかほ》と名乗り、評論などを執筆する一方、夫を支えることに力を注いだ。

天才少女の小説『婦女の鑑』

田辺龍子の成功は、多くの女性たちに小説家になる夢を与えた。その中には、木村曙《きむらあけぼの》という当時わずか一六歳の少女もいた。木村曙は一八八九（明治二二）年に読売新聞に小説『婦女の鑑』[*11]を連載、大きな話題となった。『婦女の鑑』は自称詞に大きな特徴があり、登場人物の多くは性別問わず、自称詞として〈我身《わがみ》〉、対称詞として〈御身《おんみ》〉を使っている。女性は〈妾《わらわ》〉も使うが〈私〉は使わず、男性も〈僕〉は使っていない。結果として、この作品では男女の自称詞の違いがほとんどなかった。

幼くして両親を失った主人公・吉川秀子は、従姉の国子や外国人の小ゼット《こ》ら、数人の若い女性と、疑似姉妹的な友愛の絆《きずな》を結ぶ。彼女らの助けで、幾多の苦難を乗り越えて留学を成功させ、帰国して先進的な繊維工場を開くという物語となっている。若い女性が男性の助けをほとんど借りることなく、イギリスのケンブリッジで最優等の成績を修め、米国・ニューヨークで女工として繊維産業を学ぶ。女性が当時の日本社会ではめられた枠を大きく超えて活躍する作品の内容と、性別による自称詞の使い分けをほとんどしなかったことは表裏の関係にあった。

文章は文語体で古めかしく、辻褄が合わなかったり荒唐無稽だったりするところも目立つが、それだけに若い女性が世界を舞台に描いた夢の広がりが生き生きと感じられる魅力的な作品である。小説家として大きな期待を寄せられた木村曙だったが、彼女に残された時間は短かった。翌年に結核で世を去り、『婦女の鑑』のほかに数編の短編を書いたにとどまった。

翻訳小説に登場した〈僕〉

明治二〇年代に活躍した女性作家の一人、若松賤子《わかまつしずこ》は会津藩士の娘だった。戊辰戦争後、父は行方知れずとなり、母も病没。幼くして横浜の親戚に引き取られて英語塾で先進的な教育を受けたが、後にペンネームとした「若松」には故郷・会津への思いが刻まれていた。明治女学校教頭の巌本善治と結婚、巌本が発行していた『女学雑誌』に英米の詩や小説を翻訳して掲載、清新な訳文が評判を呼んだ。

若松は外国文学の訳で〈僕〉を初めて使った訳者の一人だった。代表作の『小公子』[*12]はアメリカの女性作家フランシス・ホジソン・バーネットの *Little Lord Fauntleroy* の訳で、イギリスの貴族の家の跡継ぎになったニューヨーク育ちの少年セドリックの物語。侯爵家の三男を父に持つセドリックは、父を病気で失い、アメリカ人の母と二人、ニューヨークで暮らしていた。そこへイギリスの侯爵家から突然、使いがやって来る。侯爵家の長男・次男が相次いで子を残さず亡くなり、セドリックが跡継ぎになったと知らされ、イギリスの屋敷に迎えられる。

祖父の侯爵は傲慢《ごうまん》で気難しい人物。極端なアメリカ人嫌いで、セドリックは愛する母と別居を強いられる。しかし純真なセドリックの言動と母親の誠実さが凍り付いた祖父の心を溶かし、祖父は母親を受け入れ、ハッピーエンドとなる。

この物語ではセドリックはある種の理想の人間像となっている。純粋で、人に優しく、勇気がある。肉体的にも頑健で、輝くような美しさまで備えた少年。セドリックの使う自称詞〈僕〉はそんな純粋さやりりしさを映し出すにふさわしい自称詞だった。

『小公子』では理想の人間であるセドリックと母親の深い絆が強調されている。女性作家の作品であることを考え合わせると、この作品の中では「母性」が重要なテーマであることがわかる。若松がこの作品に注目した理由の一つも、母性の強調だったと思われる。若松は男女平等を主張するフェミニストだったが、同時に女性の役割として母性を重視していた。

若松は、旺盛な執筆や教育活動を続けながら、巌本との間に三人の子をもうけたが、若い頃から患っていた肺結核が徐々に進行、一八九六（明治二九）年、三一歳で亡くなった。

樋口一葉の登場

明治二〇年代に活躍した女性作家の中で最も有名な樋口一葉（夏子）は、士族の娘だったが、父親は農民から八丁堀同心になった人で、士族としては最底辺だった。一葉が一七歳のとき、父親が借金を残して死に、一葉は母と妹の女所帯を両肩に担うことになった。ここで紹介した女性作家の中で最も経済的・社会的に恵まれなかった一葉は、それゆえに、当時の社会の実情を誰よりもよく知っていた。

一葉は田辺龍子と同じ歌塾に通っており、龍子の『藪の鶯』の成功を間近に見て、小説でカネを稼ごうと決心した。成功までは茨の道で、借金に借金を重ね、商売に手を出すなどの苦闘の末、ようやく文名が上がり始めた頃、肺結核が悪化し、一八九六（明治二九）年、わずか二四歳で死んだ。しかしそれまでに二二本の短編小説を残した。

一葉の残した二二本の小説の中で、自称詞〈僕〉を使う人物は、四本に一人ずつ、合計四人登場する。[*13] うち一本（『暁月夜』）では幼い少年だが、残りの三本（『闇桜』『にごりえ』『たけくらべ』）で〈僕〉を使うのは、いずれも女性主人公が思いを寄せる男性である。

一葉の使った〈僕〉

『闇桜』は一葉の小説第一作で、ごく短い作品だが、幼馴染みの恋を描いている。一六歳の千代と二二歳の良之助は隣り合う家に住み、幼い間は毎日仲良く遊んでいたが、年頃を迎えると千代は良之助を強く意識するがゆえに距離を置くようになり、思いを募らせた結果、病に倒れる。最後は死を目前にした千代が、見舞いに来た良之助を家に帰すところで終わる。

〈僕〉を使う良之助は大学生である。幼い千代は「良さん昨夕は嬉しき夢を見たり　お前様が学校を卒業なされて何といふお役か知らず高帽子立派に黒ぬりの馬車にのりて西洋館へ入り給ふ所を」と、良之助の将来に当時の典型的な成功の夢を見ている。それが、実際に結婚が話題になる年齢になると、自分が良之助に選ばれるかどうか、ふさわしい存在なのかと不安と恐怖に襲われるようになり、遂には病気になってしまうのである。

『にごりえ』は銘酒屋の女性・お力の話である。銘酒屋は当時よくあった店の形で、棚に銘酒の瓶を並べて料理屋のようにカモフラージュしているが、実情は一種の娼館であった。

若く美しいお力は富裕な有力者に身受けされることを夢見ていた。木戸孝允、伊藤博文、山本権兵衛などそうそうたる面々が元芸娼妓を妻としていた明治時代には、評判の美人であるお力にとって、十分現実的なビジョンである。そこに「山高帽子の三十男」結城朝之助が現れる。自称詞〈僕〉を使う朝之助は、今は無職と言うものの、気前がよく、将来有望そうで、妻子もない。お力とは話も合い、身の上話などもして急速に距離を縮める。しかしそれからほどなく、お力はかつて捨てた男に斬殺されてしまう。

『たけくらべ』は吉原遊郭近くの町の少年少女たちを描いた作品である。一葉は一時期生活苦打開のために吉原近くで店を開いたことがあり、その時期の観察が生かされていると言われる。

大黒屋の美登利は姉が売れっ子遊女で、小遣いを多くもらっていることもあって、近隣の子供たちの女王様としてふるまっている。小説はそんな彼女と寺の子である藤本信如の淡い恋を描いている。信如の父親である和尚は顔の色つやもよく大声で笑う豪胆な人物で、家族に商売をやらせてしっかりカネを稼ぎ、「欲深」の悪評もある。しかし信如は父親と対照的に、おとなしく考え深い性質だ。同じ町内のガキ大将・長吉に喧嘩に誘われて「だつて僕は弱いもの」「僕が這入《はい》ると負けるが宜《い》いかへ」と言うような少年である。一方で勉強ができ、長吉は、信如は何もしなくても、味方になってくれるだけで千人力だと言うのである。

美登利と信如は共に惹かれ合っている。雨の日に大黒屋の前で下駄の鼻緒を切った人を助けようとした美登利は、それが信如だと気づいて恥ずかしくなり、端切れを投げかけるばかり。信如も美登利だと気づいても話しかけるでもない。そうこうしているうちに子供時代は過ぎ去り、美登利は他の子供とは遊ばなくなり、姉と同様、遊女への道を歩み出したことが示唆される。一方、信如は僧侶になるべく、宗派の学校へと旅立つ。二人の道は交わることなく終わる。

男女の人生の違いを浮き彫りに

〈僕〉が登場する三つの作品は、当時における男性と女性の人生の違いを浮き彫りにする。『闇桜』の良之助は大学生で、「高帽子」「黒ぬりの馬車」の将来へと歩んでいると見られている。実際には大学を卒業したら誰もがそうなれるわけではないが、千代の心の中ではそうである。『にごりえ』の朝之助は実際に「山高帽子」をかぶっており、富裕で将来有望と見られる男性である。大学出で（例えば）政府とのつながりがあり、近く事業を始めるのだろうか。いずれにせよ、そんな良之助や朝之助の使う〈僕〉は、作品の中では高学歴＝将来有望の記号であり、彼らを他の男性と差別化している。

一方、『たけくらべ』の信如はまだ少年である。信如の〈僕〉は少年としての自称詞でもある。しかし地域の他の少年たち、例えば長吉や貧しい少年・三五郎は〈己《お》れ〉を使っており、信如とは区別されている。信如の〈僕〉は彼の知性やおとなしさを表している。

宗派の学校へ進学した信如はやがて立派な人格者の僧侶となり、父親の寺を継ぐなどして、（映画「男はつらいよ」シリーズに登場する、笠智衆演じる「御前さま」のように）地域で尊敬されることになるのだろう。あるいは学僧として名を成すといった将来もあり得る。

女性主人公たちには、そうした将来は待っていなかった。『闇桜』の千代は、かつては良之助と対等の幼馴染みだったのに、今や自分の人生が良之助の愛情次第だということに不安と恐怖を抱き、それに耐えられなくなる。千代が最後に良之助を家に帰すのは、死の瞬間に自分の人生を彼から取り戻そうとしたのであろう。『にごりえ』のお力は捨てた男性に殺される。『たけくらべ』の美登利は遊女となり、男次第の生活へと歩みだすことになる。彼女らにとって、〈僕〉を使う男性は、自分の持たない大きな可能性を持っている存在である。自分が遂に抜け出せない狭い世界の外へと通じる扉を持っている存在なのである。だからこそそんな男性に強く惹かれもするが、結局、人生を共に歩んでいくことはできない。そこに悲劇が生じる。

明治になって、実力次第で「志」を果たす可能性を手にした男性と、それを否定された女性。樋口一葉の三篇の小説に登場する自称詞〈僕〉は、そんな両者の人生の根本的な相違と、それが生んだ悲劇を象徴しているのである。

与謝野晶子の苦痛

「また例の『僕が』『僕が』とお話ばかり承るのであらうと、其れが苦に成りましたのでした」。一九〇六（明治三九）年、歌人・与謝野晶子は国木田独歩の短編集『運命』をなかなか読む気になれなかった理由をこう説明した。[*14]

「『僕が』『僕が』とお話ばかり」という言葉で晶子が暗示したのは、それまでに独歩が発表していた『忘れえぬ人々』『牛肉と馬鈴薯』といった作品のことだと思われる。どちらも若い知識人の会話で構成される作品で、自称詞〈僕〉が頻出する。

『忘れえぬ人々』では、東京郊外の宿屋でたまたま会った文学者と画家が話をする。文学者が自分の原稿について話すが、そこでは「忘れえぬ人々とは友人や恩人ではなく、ふとした機会に目にして、しかしなぜか忘れられない人のことだ」という議論が展開されている。

『牛肉と馬鈴薯』では、都心の紳士の倶楽部で大学出の男性たちが人生の理想と現実について会話を交わしている。理想を追求する清貧の生活では「馬鈴薯」しか食えない、それよりは現実的な生活を送って牛肉のステーキを食う方がいいといった議論である。そこに加わった作家の岡本は、自分の人生における願いは「不思議なる宇宙を驚きたい」ということだと言う。

どちらも近代の生み出した最先端の感覚が表現された小説であり、現代でもよく論じられている。

しかし、これを読んだ与謝野晶子はどう思っただろうか。当時、夫の鉄幹との間に二人の子があり（最終的には一二人も産んだ）、子育ての傍ら、原稿料で家計をも支えていた多忙な晶子。彼女にしてみれば、〈僕〉で語られる男性知識人たちの抽象的な議論には「実に優雅な身分だ」という気がしたとしても不思議ではなかった。「『僕が』『僕が』とお話ばかり」という言葉には、そんな苦々しい気持ちが込められているように思われる。

文学研究者の大東和重[*15]によると、国木田独歩の作品は当時、「作中人物の思想と行動がそのまま独歩の思想や経験と同一視される」形で読まれ、読者と作者の「一体化」という状態へと導いたという。それは、作者の創作技術などが論じられていたそれまでの小説の読み方とはまったく異なっていた。その後、田山花袋による『布団』の発表などにより、「私小説」が発展し、日本の近代文学は読者が作家の思想や行動を味わうという側面が大きくなっていく。明治から昭和戦前、さらには昭和の戦後になっても文学者のほとんどは高学歴男性であり、読者の多くもやはりそうだった。近代文学は、少なくとも一面では、「〈僕〉たちの、〈僕〉たちによる、〈僕〉たちのための文学」だった。

「男装の麗人」水の江瀧子の〈僕〉

その後、大正時代から昭和の初めにかけて、社会は大きな転機を迎える。都市に人口が集中し、新たな都市文化が生まれた。そうした中で、女性の意識も大きく変わってきた。

その頃登場した新しい若者たち、「モダンガール」「モダンボーイ」を略して「モガ」「モボ」などと言われた彼らは、洋服に身を包み、西洋的な生活様式を実践した。「モガ」の中には男装して自称詞〈僕〉で話す人もいたとされる。

その頃の女性雑誌などには、「男装の麗人」が関係した女性どうしの心中事件や自殺などがセンセーショナルに扱われている。数ページに及ぶ「男装の麗人」の独占手記もあり、相当な熱の入れようである。記事では「男装の麗人」たちは性的な秩序を乱すものとして批判されているのだが、その一方で、強い興味をそそる題材であったことがうかがえる。

松竹歌劇団の男役スターだった水の江瀧子（一九一五―二〇〇九）は昭和の戦前を代表する「男装の麗人」である。一九二八（昭和三）年に後の松竹歌劇団に入団、一九三一（昭和六）年に男性のように短く髪を切ったことがきっかけで、爆発的な人気を得る。当時すでに宝塚歌劇団が結成され、男役スターも誕生していたが、男性同様の短髪を実践したのは水の江が最初とされる。

水の江は男役として舞台の上で自称詞〈僕〉を使っていたが、それだけでなく楽屋などでも〈僕〉で話していたようである。

中山千夏著『タアキイ　水の江瀧子伝』（新潮社、一九九三）には、当時発行された水の江瀧子の後援会（「水の江会」）のパンフレット（会報のようなもの）の記事が多数引用されているが、その中で水の江はしばしば自称詞〈僕〉を使用している。例えば人気弁士・大辻司郎の書いたエッセイでは、

「妾《わたし》、水の江です」

「あら・・・・・・妾貴女のファンよ。貴女の男の姿が非常に好きなの」

「いやだなあ、僕は恥ずかしいよ」


とあり、男性の大辻が女性言葉、女性の水の江が男性言葉で話しているのがおもしろい。スター・水の江の〈僕〉はかなりの波及力を持っていたようである。同書が引用している松竹楽劇部発行の雑誌『楽劇』の一九三二（昭和七）年二月号には、ファンの投書として、後輩の河路龍子がブロマイド店で「僕の写真ありませんかあ」と話していたという目撃談が掲載されている。また、四月号には、

T党（宝塚ファン）間に「ウチ」って言葉が使《つか》れ《わ》ます様に、楽劇ファンの間にも「ボク」って言葉が盛んに使用されて居ります（水の江様、河路様を真似て）。

という投書が掲載されている。その他にも当時の楽屋での出演者どうしの会話の記事やファンの投書などで女性が〈僕〉を使用しているものは多い。

水の江の〈僕〉使用はついに広告にまで及び、「水の江会」パンフレット『タアキイ』9号（昭和八年五月）の表紙裏の水の江の写真広告のコピーには、

諸君に告ぐ

「ボク」断然朗かです！
どんなに太つても
「ボク」ちつとも恐れんです。
近代的麗人は
みんな「アイマー」服《の》むです！

とあるという。

しかし、中山によると、「女の子の『ボク文化』は三三年をピークに衰えた」。前年の一九三二（昭和七）年には五・一五事件が発生、政党政治が終焉を迎えた。軍国主義が台頭《たいとう》し、その影響は文化にも及んだ。

「『男は男らしく、女は女らしく』という『良風美俗』」が強調される時代となり、水の江も言葉遣いに気を付けるようになった。上記の広告以降、水の江の〈僕〉使用は影を潜めた。その後、水の江は舞台以外でかつて〈僕〉を使用したこと自体、全否定するようになる。

一九三七（昭和一二）年七月発行の『主婦の友』に掲載された「人気女形と男装麗人の座談会」では司会を務めた作家の吉屋信子が「ターキー（水の江の愛称）だって『ボク』なんて言はないんだって――」と助け船を出したのに「え丶」と答えている。

水の江は約六〇年を経た中山の取材に対しても、「私、ボクなんて言わないわよ。誰もそんなこと言ってなかったよー」と否定している。「男装の麗人」水の江瀧子の周辺に花開いた〈僕〉文化は軍国主義の風潮の中で潰えたのである。

宝塚の〈僕〉

女性だけの歌劇団として松竹歌劇団と並び立つ存在だった宝塚歌劇団に対しても、世間の風当たりは強まっていた。機関誌の『歌劇』の一九三五（昭和一〇）年四月号に、創立者の小林一三は「『男装の麗人』とは？」というコラムを投稿した。小林は「今や少女歌劇といふ新生活機構の存在が世間から注意されて、よかれあしかれ、いろ〳〵の問題が提供される」として、「男装の麗人といふ言葉が、同性愛だとか、変態的恋愛のシンボルであるとか、如何にも卑しい態度を奨励してゐるやうに誤解されて」いると懸念を表明した。そして当時のトップ男役で、「アニキ」の異名があった葦原邦子に宛てた手紙を公表したのである。

学校内の流行言葉の中に
僕、兄貴、君
といふやうな男性の言葉が——殊に新しい生徒にはやりつゝあるといふ話をきいて私は一寸憂鬱になりました。宝塚の兄貴の代表者たるやうに世間から思はれてゐるあなたの立場は、中々六ケ敷《むつかしい》ので、どうか、男役だからといつて其学生の態度までが「僕」「兄貴」でないやうに一般の生徒を引しめてゆきたいと思ひます。

これに対する葦原の返信が引用されているが、そこでは、

どなたが耳に入れたかは存じませんが、宝塚の学校の生徒同志の間で、君、兄貴、僕などと言ふ言葉を口にする者は一人もありません。それはどうか御安心下さいませ。

むしろそんな言葉は女学生の間での流行語となつて居るのでございます。

ところが、葦原の後年の回想[*16]によると、小林の手紙に葦原は「自分からアニキなんて言っていません。（中略）校長先生のくせに名前も書いていないような投書を取り上げて、私を信用しないのはあんまりです」と強く抗議していたのである。葦原によれば小林は、「おとうさん[*17]がわるかった」と即座に返信し、その後、口頭でも葦原に謝罪した。『歌劇』に「引用」された葦原の手紙のしおらしい調子は小林の創作である可能性が大きいが、小林はそのようにして高まる軍国主義的な風潮から宝塚を守ろうとしたのだろう。

文化人類学者のジェニファー・ロバートソンによれば、宝塚では「普段から自分のことを『僕』という男役は少なくない[*18]」。ロバートソンの記述は一九八五年以降の研究に基づ

いているが、おそらく戦前から現代にいたるまでそうなのであろう。宝塚は様々な人にとって、ありのままの自分でいながら、同時に生活の糧を得ることのできる貴重な場所であり続けている。

綿々と続く男装文化

男装をする女性は、数としては少なくても歴史始まって以来ずっといたと思われ、明治に入ると断髪・男装の女性がときおり新聞記事などに取り上げられている。トランスジェンダーのケースも少なからずあったと思われる一方、女性の生き方に強い枠がはめられていた当時の社会に反発し、自由な生き方を求めて断髪・男装することもあった。個々のケースに即していえば、この両者は必ずしもはっきりと区別できるものではなかった。また、女性の職業が限られていた時代にあって、男装して人力車夫、土工の親方、魚屋、八百屋、廃品回収業などとして働くケースも二〇世紀前半まではよくあったようだ。[*19]

平塚らいてうらが中心となって明治末年から大正初期にかけて発行された婦人月刊誌『青鞜』の周辺にいた女性たちの中にも断髪・男装の者が何人か見られた。大正期に登場したモダンガールも多くがボブカットなどの「断髪」姿で、「毛断ガール」という表記もあったほどである。

女性の〈僕〉使用は、こうした女性たちやその周辺で行われることが多かったようだ。水の江瀧子はその代表例と言える。新聞・雑誌・書籍などの出版物に記録として残ることはほとんどなかったが、自称詞〈僕〉はこうした女性たちの会話や書簡・日記などではむしろ普通に見られたことかもしれない。

奇人・本荘幽蘭の〈僕〉

一例として、明治から昭和にかけて生きた本荘幽蘭（一八七九—？）がいる。本荘幽蘭はおびただしい男性遍歴と、新聞記者、女優、講談師、飲食店やホテル経営など目まぐるしい転職によって、当時の新聞にゴシップ種を提供し続けた一種の奇人である。伝記を書いた平山亜佐子によると、本荘は断髪・男装していることが多く、またふだん〈君〉〈僕〉で会話していたという。[20]伝記には、本荘がある男性に対して出した離縁状が引用されている。

一　僕には目下亜米利加に留学しつゝある野波《やは》と云《い》う許嫁《いいなずけ》の良夫《おっと》がいる。それ《それ》が来年四月帰朝するから僕は夫と結婚する為め君とは夫婦になれぬ

一　例《たと》い僕は君と結婚したにしても、君の如き平凡極まる者は奇抜を以て社会

に名を為した僕の如き者と迚《とて》も永久に平等に処世の趣味を解して行く事が不可能である。君は寧ろ平凡な妻を持つのが適当である。

この調子でまだまだ続くが、爽快なほど居丈高で、女性にはめられた枠を蹴飛ばして生きた奇人の心意気を今に伝えている。

本荘幽蘭は日本の近代演劇の最初期に女優として活動したり、沖縄での演劇活動で成果を挙げたりもしたが、気質的に一か所にとどまることができず、ついには日本を飛び出し、満州（中国東北部）、朝鮮、台湾やシンガポールなどにも足を延ばし、数年にわたって放浪を続けた。

その足跡は自ずと日本の大陸侵略とも重なり、頭山満らアジア主義者と人脈があったこともあって、諜報活動に携わっていたのではないかとの説もある。

平山によれば本荘は、一九三二（昭和七）年に封切られた溝口健二監督の映画「満蒙建国の黎明」に出演している。この映画は男装の麗人・川島芳子の活躍を描くもので、川島役は入江たか子だったが、この映画で本荘は入江のスタントとして馬に乗り拳銃を撃つ場面を撮影しているとのこと。ただ、映画は終戦時に中国に押収され、本荘の勇姿を確認することはできないという。

川島芳子の〈僕〉

溝口の映画「満蒙建国の黎明」の主人公だった川島芳子（一九〇七―一九四八？）は中国・清朝の王女として生まれ、幼くして日本人の大陸浪人・川島浪速の養女となって日本で教育を受けた。ジャンヌ・ダルクに憧れる少女時代を送った川島は、一七歳のときに突然断髪・男装し、滅亡した清朝の復活を目指す活動に身を投じた。しかしその活動は日本の陸軍の大陸侵略と歩調を合わせることになり、その手駒として使われたのが実情であった。戦後、北京に住んでいたが、国民党政府に逮捕され、漢奸《かんかん》（売国奴）として処刑されたとされる。

実はこの川島芳子こそ、明治から昭和戦前にかけての日本で、自称詞〈僕〉を使った記録が、最も明確に残っている女性なのである。断髪・男装してからは川島は日常的に男性言葉になり、自称詞〈僕〉や、ときには〈俺〉を使い、手紙などもその調子で書くことが多かった。

これまで書いてきたように、女性の〈僕〉使用は社会秩序を乱すと見なされ、新聞・雑誌などの記録に残りにくいという性格があるのだが、川島は例外だった。そもそも彼女は清朝の王女という「貴種」である。そのため、その美しさや人を騒がせる派手な言動も相まって、新聞などによく取り上げられていた。そうした中で〈僕〉を使う男装の麗人であることが受け入れられ、いわば消費されていた。

また、長じてからの活動は陸軍の利益にかない、いい宣伝材料となったため、様々なメディアに大々的に取り上げられ、一躍時の人となった。川島は一九三一（昭和六）年の満州事変後、ラストエンペラー・溥儀《ふぎ》の皇后婉容《えんよう》が天津を脱出して満州に向かうのを助けたり、満州国成立のための陽動作戦だった上海事変に参加したりした。

その後川島は、活躍を大げさに描いたモデル小説が評判となったのをきっかけに、新聞・雑誌はもちろん、ラジオに出演し、歌のレコードまで出している。遂には川島を主人公にした舞台劇や、上述のように国策映画まで作られるほどだった。そうした中では「男装の麗人」のキャラクターが売りとなり、女性ファンも多くできた。それもあってか、雑誌に掲載された手記などでも〈僕〉を使っている。一九三三（昭和八）年の雑誌『婦人公論』九月号に掲載された手記「僕は祖国を愛す」では、

　四年ぶりに貴国日本を訪れて、言い知れぬ感慨に耽るのです。先ず第一に目についたのは、日本の御婦人方（お断りしておきますが僕は男である）の洋装のシックスタイルでした。けれども、遠慮なく採点してみれば、まあ、八点五分と言うところでしょう。もう一つは道路の立派なこと、そして軍人の服装のよいことでし

た。

これは僕等の国——新興の満州国を顧《かえりみ》る時羨望に堪えないことです。

と、「僕は男」と断言している。

川島芳子が最も人気を博していた時期は一九三二—三四（昭和七—九）年頃で、満州国の建国から数年間の時期だった。川島の人気が世論工作のために盛り上げられたことがよくわかる。清朝の王女が清朝復興のために活躍するというストーリーは、陸軍が掲げた「満州国は満人による国民国家である」という虚偽の建前に一致し、都合のいいものであった。この時期はたまたま、もう一人の男装の麗人・水の江瀧子が爆発的な人気を得ていく時期でもあり、一種の相乗効果もあったと思われる。

男装の影の「素顔」

川島が一七歳のときに突如、断髪・男装した理由は様々に取りざたされているが、養父・浪速にレイプされたことがきっかけになったという説が有力である。[*21] 幼い頃からジャンヌ・ダルクのように、祖国のために女性の枠にとらわれずに活躍する夢を持っており、男性的な言動が目立っていたが、養父による性被害により、女性であることのマイナス面を強く感じたということかもしれない。男装することで養父の毒牙を逃れるのが、当初の目的の、少なくとも一つだったのであろう。川島はその後、不妊手術も受けており、女性であることを捨てて生きようとした強い意思が感じられる。

一方、恋愛対象は一貫して男性で、多くの男性と噂があった。若い女性を秘書などとして身近に置き、自分を「お兄さん」と呼ばせるのを好んだが、女性との恋愛をうかがわせるエピソードはないようだ。川島は一般に、自分よりも若い者には性別問わず親切で、気さくで面倒見のいい面を見せた。身近にいたかつての若者の多くは後年、共に過ごした時期を懐かしく思い出している。[*22]

川島は陸軍に利用されるばかりでなく、陸軍のやり口や意図を批判し、祖国のためになっているのかしばしば疑念をもらしていた。一九三七（昭和一二）年、日中戦争が始まると、苦悩は深まった。川島が遺した文章の中には、以下のようなくだりもある。

日本といふ国は
（一）人の家へ只《ただ》で住み、
（二）人の命を玩具と考へ、
（三）自分の出世の為めには恩人も捨てる、（中略）

（四）都合悪るくなると、転任して逃げる。
（五）平気で我々中国人の前で（天皇様）の悪口を申す。
一人でもあっちゃならないのだ[*23]

日本人の養女として育てられ、天皇への尊敬の気持ちを持ちながらも、祖国中国を侵略・利用する陸軍のやり方に強い怒りを持っていたことがうかがえる。川島は独自に日中和平への道を探ったこともあったが、実ることはなかった。そんな彼女を陸軍は警戒し、監視を怠らなかった。一九四〇（昭和一五）年には陸軍関係者による川島の暗殺計画もあったという[*24]。

その反面、川島は、刹那的・享楽的な面が強い人物だった。彼女がどれほど中国の民衆のことを思い、日中和平を願っていたとしても、ダンスホールで踊ったり、贅沢な生活を送ったりすることへの執着も同じぐらい強かった。川島は陸軍の軍人や南満州鉄道（満鉄）、株成金などから巨額の資金を引き出しては浪費した。カネのために人をだましたり恫喝したりしたとも言われ、名声の裏の退廃が露わだった。

川島には日本人、中国人、満人と少なくとも三つのアイデンティティがあり、常に揺れ動いていた。男装で知られる一方で、派手な振り袖姿で公の場に現れてパトロンにしなだれかかることもあり、いくつもの仮面を頻繁に付け替えるような言動で人を翻弄《ほんろう》するのを楽しんだ。若き日の自殺未遂や軍事行動などによる古傷が痛み、モルヒネを常用していたこともあって、衝動的で支離滅裂な行動に拍車がかかった。

日本の敗戦後、川島は故郷・北京に住んでいたが、一九四五（昭和二〇）年一一月、現地の国民党当局に漢奸として逮捕された。川島は日本国籍を証明することで、無罪を勝ち取ろうとした。漢奸は中国人が祖国を裏切ることなので、日本人ならばそもそも該当しないからだ。同時代の歌手で川島の友人だった李香蘭（山口淑子）は同じような状況で日本国籍が証明されて無罪となっている。川島が獄中から秘書の小方八郎に出した手紙では、

皆様丈夫で居らるるか？　僕は丈夫です。最近、僕のセキが問題になり出した、おやじにも手紙で頼んだが、君からも至急手紙出してくれ、（中略）日本人だと、ぢき出られるのだ。[*25]

とあり、国籍の確認を依頼している。「セキ」とカタカナで書いているのは、中国人による検閲をすり抜けるためであろう。ところが、川島浪速の養女としての戸籍登録はそもそもされていなかった。芳子は戸籍の偽造も依頼したが、当時、自分自身戦犯に問われる

可能性があった浪速は消極的だった。一九四七（昭和二二）年一〇月、死刑判決。翌年三月に執行された。その一〇日前、AP通信の記者の取材に「私は男がきらいです。男はただ女を困らすばかりですから」と言い残している。[*26]

川島芳子は生きていた？

かつて満州国が首都・新京とした吉林省長春市の郊外の農村に、戦後、一人の老女が住んでいた。ほとんど外出せず、仏像に向かって祈りを捧げていたという。一九七九年の初めに亡くなったこの女性が川島芳子だったたという証言がある。[*27]

それによると、同省に住む女性・張鈺は祖父・段連祥の意向で、幼い頃、数年にわたって夏の数か月をこの女性「方おばあさん」と同居して過ごした。段連祥は二〇〇四年に亡くなる直前、張鈺に「方おばあさんの正体は川島芳子だった」と告白し、遺品を張鈺に託したという。

方おばあさんは段連祥の「二号さん」とされていたが、段は彼女にうやうやしい態度を取り、そばで片膝をつき、日本語で話していることもあった。告白によると、段は満州国時代に満鉄に日本語通訳として勤務しており、当時高名だった川島芳子に憧れ、ファンレターを出した。そうしたことから、替え玉を立てて処刑を逃れた川島の潜伏生活を助けるよう頼まれたという。方おばあさんの生活を助けていたのは段とその友人、以前の警察学校の教官の三人だが、さらに背後関係があった可能性もある。また天台宗の僧侶などの仏教関係者が方おばあさんに信徒としての身分証明書を与え、方おばあさんは寒い冬の間は温暖な浙江省の寺院で過ごすのが恒例だった。

張鈺の母親の段霊雲も幼い頃、張鈺と同様、方おばあさんと夏の間同居しており、段一家は三代にわたり、方おばあさんに仕え、孤独な彼女の晩年に疑似家族として温かさを加えた。

方おばあさんは筆跡や写真を残さず、結果としてDNAも採取できなかったため、川島芳子であった決め手はない。しかし段霊雲と張鈺の語る方おばあさんのエピソードは川島との一致点が非常に多く、状況証拠はかなり強固なものである。

方おばあさんは段霊雲と張鈺に日本語を教え、機嫌がいいと日本の唱歌を歌っていた。芥川龍之介、武者小路実篤、川端康成など大正から昭和初期の日本の小説を愛読し（川端には何度か会ったと話していた）、社交ダンスがうまく、絵画の腕は玄人はだしで（これも川島芳子と共通）、左胸に川島と同じ、大きな傷があった。また、張鈺が犬に襲われた際は棒で一撃のもとに打ち殺しており、常人離れした身体能力の持ち主だった。

家には畳を敷き、ささやかな茶室を作っていた。蓄音機を持ち、李香蘭（山口淑子）の

「蘇州夜曲」がお気に入りだったが、李香蘭は川島芳子の友人だった。方おばあさんの死後、山口淑子は来日した張鈺と面会し、数時間にわたって話を聞いたのち、方おばあさん＝川島芳子説にお墨付きを与えている。

方おばあさんは「とてもお金持ちの家に生まれ、お姫様のような生活をしていた」と幼少期を語る一方で、過去を思い出しては静かに泣いていることもよくあった。張鈺に「私の一生は一首の悲壮な歌のようなものよ。結局なんにもならなかったわ。これも運命ね」と話したという。

方おばあさんが川島芳子だったとすれば、彼女は温かな人の情に多少なりとも触れつつ、かつての激動の日々を思い起こしながら、穏やかな晩年を送ったのであろう。

戦中の「礼法要項」に定められた男女の別

一九四一（昭和一六）年、文部省は国民の礼儀作法を統一することを目指し、「礼法要項」という文書をまとめた。細かく日常の所作を定めたこの文書は、主に学校教育の場で、児童・生徒の行動の基準として教えられた。

「礼法要項」の前篇第五章「言葉遣い」の二には、

自称は、通常「私」を用いる。長上に対しては氏又は名を用いることがある。男子は同輩に対しては「僕」を用いてもよいが、長上に対しては用いてはならない。

とし、男子の同級生間の自称として〈僕〉が認められている。一方、翌年に出された公式の「礼法要項解説」では「『我輩』や『吾々』『僕』は用法に注意しなければならない。殊にこれは女子の使ふ言葉ではない」と女子に〈僕〉を使わせないよう特に注意している。日本が戦時の総動員体制に向かう中で、男女の別を明確にすることが社会秩序の軸として重視されていたことがわかる。

戦後の〈僕〉の光景——林芙美子の『浮雲』

日本は戦争に敗れ、占領軍統治下で「民主化」が進められた。アメリカが主導した新憲法では男女の平等が定められ、女性参政権も認められた。しかし、社会的な不平等はこの後も長く残った。

林芙美子（一九〇三—一九五一）の『浮雲』[*28]は戦後の男女関係を浮き彫りにした小説である。一九四三（昭和一八）年、農林省のタイピストとして日本占領下のベトナムに渡った幸田ゆき子は、技官の富岡兼吾と出会い、当時の日本の生活とはかけ離れた豊かな環境で、つかの間の恋を楽しむ。
敗戦後、二人は結婚を約束して日本に戻るが、社会は荒廃し、あの手この手で何とか生き抜くしかない。何よりも富岡は妻帯者だった。富岡は言う。

「(前略)正直に云えば、僕達は、あんな美しい土地に住んでから夢を見ていたのさ。(中略)日本に戻って来て、まるきり違う世界を見ては、家の者達をこれ以上苦しめるのは酷だと思ったンだ。(中略)みんなが、僕一人を頼りにして生きているんだからね……」

公務員を辞めて事業に手を出すも失敗し、生活に苦しむ富岡は、ゆき子に「終戦以来、男は駄目で、女の方が逞しくなったね」と言う。しかし、そこにはウソがある。旧制の高等教育機関である専門学校卒で元官吏の富岡には家などの資産もあれば様々なつてもあり、困窮しつつも、落ちきることはない。最後には公務員に復職し、屋久島の営林署に職を得ることになる。富岡が用いる〈僕〉は、そんな恵まれた境遇を示していた。
一方ゆき子は占領軍の将校の愛人になったり、肉体関係のある義兄の新興宗教を手伝うなどして生きていく。たまにあぶく銭を手にすることはあっても、安定した生活基盤を築くことはできない。ゆき子は「いいわね。男のひとは、何とか、落ちつくさきがみつかるもンだけど、女ってものは、三界に家なしだから」という。

二人の生活条件は酷《ひど》く不公平なものだが、それゆえにかゆき子は富岡に執着し、腐れ縁はゆき子が屋久島で病死するまで続くことになる。

ゆき子が不誠実な富岡を思い切れなかったのは、富岡の背後にある日本の国家が戦後落ちぶれつつも社会で正統性を保ち続けていた事実と関係があるように思える。「アジアの覇者」を自認して栄光の夢をむさぼっていた大日本帝国の懐に抱かれた戦中の日々の思い出、戦後も、いざとなれば役人として安定した生活を送れる身分。世俗の泥にまみれてさすらいの人生を送るゆき子にとって、富岡は、男性としての魅力を別にしても、一番ましな選択肢だったことは間違いない。『浮雲』に描かれた男女関係は、法的な平等が実現しても実質的な不平等を払拭できないいびつな社会の姿を映し出していた。

戦後の教室での自称詞

教室で女子が〈わたし〉、男子が〈ぼく〉を使うという区別は、戦後の教育でも戦前と変わらず踏襲された。初の検定国語教科書である『太郎花子国語の本』[*29]（一九四九―一九六〇年に使用）も女子が〈わたし〉、男子が〈ぼく〉で統一されている。

「ジェンダー別国民化」の思想は、戦後否定されたはずだが、「男女別自称詞」という形ではしぶとく生き残り、学校教育の場を通じて今も再生産されているように見える。

その一方で、女性の社会進出は、ゆっくりしたペースではあるが確実に進展した。進学率は男子を追うように高まり、労働市場への進出も徐々に進んだ。一九八六（昭和六一）年には男女雇用機会均等法が施行され、募集・採用や待遇で差別的な取り扱いが禁じられた。いまだ多くの問題が残るものの、女性が年齢に関係なくフルタイムで働くのは、かつてと異なり、まったく普通のことになっている。近年では女性の社会的な発言力の高まりが顕著である。セクシュアル・ハラスメントなど、女性の活躍を阻んできた様々な問題が可視化され、厳しく批判されるようになっている。

こうした社会の変化を反映してか、現在、実際に学校で使われている自称詞は教科書とはかなり違ってきているようだ。研究者たちの調査によれば、現在の学校で女子が〈僕〉を使うのは決してレアケースではない。

社会学者の宮崎あゆみは[*30]、一九九八年から二〇〇一年にかけて、東京近郊の公立中学校で調査を実施したが、ある学級のある時点では、女子一七人のうち六人が〈オレ〉ないし〈ボク〉を使用していたという。彼女らの間では、〈ワタシ〉や〈アタシ〉は「まじめすぎる」「女っぽすぎる」などとして不評であり、一方〈ボク〉は女子にとっては友達の間で使われる平常の言葉に当たると説明されている。

また言語学者の遠藤織枝[*31]は二〇〇〇年末に立教大学の学生を対象に自称詞の調査を実施したが、女子学生一五六名中、〈ボク〉ないし〈オレ〉を使用したことがある、あるいは今も使用しているのが二三名と一六・九％を占め、また周囲にそういう女の子や女性がいた、あるいはいるという回答が七二名で全体の三八・七％もいた。

このように女子の〈ボク〉や〈オレ〉の使用はもはや珍しくなくなっている。しかし使用時期を見ると、小学校が最も多く、年齢が上がるに連れて減少し、大学・社会人としてはほとんど見られなくなる。〈ボク〉や〈オレ〉をやめた時期としては「中学校に入るころ」「高校受験のころ」など進学がきっかけになるほか、「中学校になり制服のスカートをはかなければならなくなって」「小六で、「生理が始まって」「男の子にかけっこで勝てなくなって」「好きな人ができて」など、女性としての自覚がきっかけになっている例が見られるという。

男子は幼稚園の段階で〈僕〉や〈俺〉の使用を始めることが多いが、女子の場合、家庭だけでなく幼稚園などでも自分の名前や愛称を自称として用いることが多く、〈わたし〉を使い始めるのにはかなりの抵抗があるようだ。その理由として言語学者の井手祥子[*32]は〈わたし〉に伴う①フォーマリティ（形式性、堅苦しさ）や②女性性（女っぽさ）への抵抗感を挙げている。〈わたし〉を使うことで自分を失って社会に取り込まれ、また女性として男性から性的に見られる主体であることを認めるような意味合いがあるということだ。

一方、男性の〈僕〉や〈俺〉には個人的な響きがあり、使用に抵抗感は少ない。男性が社会人として〈わたし〉を使い始めるのは就職してからのことになるが、女性にはそのクッションが認められていない。

そのため、女性は〈わたし〉を使い始めるまでの間、自分の名前や愛称を使ったり、より個人的な響きのある〈うち〉を使ったりする。「模索の時期」は個人差があるが、小学校から高校にかけて続く。こうした模索の中で、女性が、一時的ではあれ〈僕〉や〈俺〉を使用する機会はかつてよりも格段に増えているのだ。

『リボンの騎士』と『ベルサイユのばら』

こうした女性の意識の変化を見る上で、重要なのがマンガである。戦後発展したサブカルチャーであるマンガはほとんどの人が成長期から青年期にかけて触れるものであり、最近では多くの大人にとっても重要な存在となっている。当然ながらマンガには膨大な読者の意識が投影され、また読者に大きな影響を及ぼしている。

戦後を代表する漫画家である手塚治虫の『リボンの騎士』*33（連載：一九五三―一九五六、一九五八―一九五九、一九六三―一九六六）には、女の心と男の心を併せ持つ主人公サファイヤが登場する。サファイヤは生まれる前に天使のいたずらで両性の心を飲まされており、女性の体を持ってサファイヤ国の王女として生まれたものの、王位継承権が男子のみに限られていたため、表向きは王子として育てられているという設定である。

サファイヤは物語の進展とともに目まぐるしく両性の間を行き来するが、女性のときは〈私〉、男性のときは〈ぼく〉で話している。女性としてはしとやかで優美だが、男性としては、優れた剣の腕で勇ましく戦う。

サファイヤの姿は当時好ましいとされていた両性それぞれのあり方を明確に示しているが、その両方を行き交っているという点が読者にとって大きな魅力だった。手塚治虫は連載時に受け取ったファンレターについて「読者からのお便りの山の中に、『私も男の子の姿をしてみたいわ。』ということばがしきりにかかれていたのは、その当時の女の子の立場と夢がよくあらわれていたと思います」というコメントを残している。[*34]

『リボンの騎士』は日本における少女向けストーリーマンガの第一号であり、このマンガの成功が後世に与えた影響は大きかった。その背景にあったのは、水の江瀧子、川島芳子といった戦前の「男装の麗人」の人気から続く、性別役割を超えた存在への憧れだったと言えるだろう。

サファイヤ以後の少女マンガにおける「男装の麗人」としては、池田理代子の『ベルサイユのばら』[*35]（以下『ベルばら』、連載：一九七二—一九七三）のオスカルが代表的な存在である。フランス革命を題材とした『ベルばら』は、宝塚による舞台化でも知られる一大ヒット作であり、現在に至るまであらゆる世代に多くのファンがいる。名実ともに時代を超えた名作マンガの一つと言ってよいだろう。

『リボンの騎士』のサファイヤと『ベルばら』のオスカルは、高貴な身分に属する女性でありながら、男装して剣を用いて戦うという意味で、共通点が大きいキャラクターである。だが、違いもある。オスカルは貴族階級の軍人の家に生まれ、男性名を与えられ軍人として育てられたが、性自認は明確に女性であり、自称詞は一貫して〈わたし〉を使っているのだ。

サファイヤが剣士として戦うためには〈ぼく〉を使う男性になる必要があるのに対し、オスカルは〈わたし〉を使う女性のままで一定の戦闘能力を持ち、男性の兵士を率いる近衛隊長という社会的役割を果たしている。「戦う」ことを社会での活躍の隠喩として考えると、二作品が描かれる間に、女性の社会進出と意識の変化が進んだことを表していると言えるだろう。

そうは言っても、『ベルばら』の連載当時、責任ある社会的な地位を持つ女性はまだまだ少なかった（今でも決して多いとは言えない）。物語の終盤、オスカルは自分を軍人として育てた父親に対して言う。

感謝いたします
このような人生をあたえてくださったことを……
女でありながら／これほどにも／広い世界を……
人間として生きる道を……

「人間として」対等に扱われていないと感じていた多くの女性にとって、このオスカルのセリフはどのように響いていただろうか。オスカルは物語の展開とともに成長し、歴史の激動の中で大きな役割を果たす人物として描かれていた。『ベルばら』は戦後の女性の社会進出の流れの上に立って生まれた作品であり、主人公オスカルは今もなお、「魂のロールモデル」として多くの女性を励まし続けている。

その後の少女マンガの〈僕〉

一九七〇年代には、特に男装しているといった設定がなくても、少女が〈僕〉を使う設定のマンガが書かれるようになった。『リボンの騎士』を書いた手塚治虫の『三つ目がとおる』（連載：一九七四―一九七八）[*36]のヒロイン・和登千代子や高橋亮子の『つらいぜ！ボクちゃん』（連載：一九七四―一九七五）[*37]の田島望が代表的である。こうしたキャラクターの〈僕〉は元気で前向きな女性像を強調する意味で使われていた。その後、〈僕〉を使うキャラクターは「僕っ娘《こ》」などと言われ、マンガ、アニメ、ライトノベル、ゲームなどのサブカルチャーでは定番となっている。現実社会では女性の〈僕〉使用にはまだ社会的な抵抗感が強いが、想像力の世界ではとっくに解禁された形である。

一九七〇年代から八〇年代にかけての少女マンガは、少年を描く作品が台頭した時代でもあった。萩尾望都、竹宮惠子らは性別が未分化な一〇代前半の少年を主人公にした作品を生みだし、また山岸凉子の傑作『日出処《ひいづるところ》の天子』（連載：一九八〇―一九八四）[*38]は厩戸王子《うまやどのおうじ》（後の聖徳太子）を両性具有的な青年として描いた。

萩尾の少年を主人公にする作品の多くはヨーロッパを舞台にしているが、自称詞は若松賤子以来の伝統に則り、〈ぼく〉が使われている。代表作『ポーの一族』（連載：一九七二―一九七六、二〇一六―）[*39]は、一四歳で吸血鬼の一族に加えられ、不老不死となった少年エドガーが主人公である。永遠の時を生きるエドガーは変わりゆく人間たちの姿を冷徹に見つめている。彼は二百年以上にわたって様々な人間と出会い、その人生に深い影響を与えていく。エドガーの孤独や、彼自身が不死の一族に加えた妹メリーベル、友人アランとの愛も描かれる。

萩尾はインタビューなどで、少年を描いた理由として、女性であることで受ける社会的な制限がなく、自由に描けたからだと説明している。[*40] 性別がいまだはっきり分かれない少年には、性的な役割や社会的な束縛を超越した存在への憧れが投影されていた。その言動には男性社会に対する女性としての鬱屈した思いや超克への夢が託されていた。その意味で萩尾、竹宮、山岸らの作品に描かれた「少年」や「両性具有的な青年」は女性でもあった。

その後、女性向けマンガの世界では、少年愛を描いた竹宮の『風と木の詩《うた》』（連載：一九七六―一九八四）[*41]を一つの源流として、男性どうしの恋愛を主題とする「ボーイズラブ」（BL）作品が隆盛し、今ではすっかり一大ジャンルとなっている。マンガだけではなく、アニメや実写ドラマでも多くの作品がある。

女性作者が男性の同性愛を題材にすることには、男女の恋愛を描くことに必然的に伴う男性優位社会のわずらわしさを超え、純粋に対等なものどうしの恋愛を描くものとしての意味があると言われる。

七〇年代の少年ものやその後のBLにより、日本の女性は「男性に女性の内面を託して描く」作品群に親しむようになった。こうした試みを通じて、男性と女性の間に本質的な違いはないという認識が徐々に浸透していき、それが、以前から細々と使われてはいた〈僕〉を、女性にとって自然な自称詞と感じられるようにしている面があると思われる。

性的マイノリティにとっての〈僕〉[*42]

性別により異なる自称詞を用いる社会的な制度・慣習が最も抑圧的・攻撃的なものとなって表れるのは、生まれた際に振り分けられた性別に違和感を持つ者に対してである。言語哲学者の三木那由他《みきなゆた》は「「私」のいない言葉」と題する文章[*43]で、一人称代名詞（自称詞）を「選べなかった」経験を書き記している。中学一年のとき、それまで〈ぼく〉を使用していた三木に対し、同級生の男子が「『ぼく』はオカマみたいだから『おれ』って言えよ」と言い、三木はやむなくそれに応じたものの、間もなく激しい頭痛に襲われ、数か月学校を休むことになった。それからは「認めてもらうために〈おれ〉を使って『男らしく』がんばる」時期と「それに耐えきれず体調を崩して何もできなくなる」時期の繰り返しに陥った。

結局三木は「できるだけ一人称代名詞そのものを使わないという道を選ぶようになった」という。「自らを名指すのを拒否する」以外に方法がなくなったのである。

男児は幼稚園児の年齢で〈ぼく〉と〈おれ〉を使い分けるようになるが、〈ぼく〉は両親や教師に対して用い、対等の友人どうしでは〈おれ〉を使うことが多い。地域や階層にもよるが、中学校や高校ぐらいの年齢では男子のクラスメート間の〈おれ〉使用が事実上の強制となることもある。それがときに深刻な苦痛をもたらすことを三木の回想は表している。

「男子は『ぼく』、女子は『わたし』と書きましょう」

そんな教師の言葉に、作文が書けず、まっさらな原稿用紙を前に鉛筆の尻をガリガリ噛んで国語の時間をやり過ごす小学一年生。「『おれは絶対に、わたしじゃねーよ』。頭の中はそんなセリフでいっぱいなのに、かといって、『ぼく』と書いたら怒られる。

トランスジェンダーでＬＧＢＴの子供や若者を支援している遠藤まめたが振り返るかつての自分である。著書『オレは絶対にワタシじゃない――トランスジェンダー逆襲の記』（はるか書房、二〇一八）には、与えられる玩具や服装など様々なことを通じて違和感が膨らみ、自分がトランスジェンダーであることに気づき、運動に参加していく経緯が綴られているが、自称詞の問題は、著書のタイトルにもなっているように、その原点の一つであり、象徴的な意味合いを持っている。

性別によってふさわしいとされる自称詞が異なっていることは、女性と男性に別々の社会的役割を振り分けた明治以来の日本社会のあり方を象徴するものだ。持って生まれた性と性自認が一致しないトランスジェンダーは、この体制に適合できないために苦しむ。自称詞にまつわる悩みはその意味で、この体制の問題点を象徴的に表すものだと言える。それは今後の日本社会が多様性や個性を重んじるものとなるために、何を変えなければならないかを明確に示している。

〈僕ら〉と〈わたしたち〉

この章の最後に、現代の若い女性表現者の自称詞〈僕〉に対するスタンスを論じて、締めくくりとしたい。

写真家の長島有里枝は著書『「僕ら」の「女の子写真」から　わたしたちのガーリーフォトへ』（大福書林、二〇二〇）で男性を示す「僕ら」と女性を示す「わたしたち」を対の概念として用いている。

長島は自称詞〈僕〉を使う男性の批評家らが、一九九〇年代に台頭した長島自身やヒロミックス、蜷川実花《にながわみか》らを中心とする若い女性写真家の写真を「女の子写真」と名づけ、性役割の図式に落としこんで論じたことを批判している。

この本では当時の男性批評家や評論家らが女性写真家らを論じた言葉が大量に引用されている。そのことごとくが自称詞〈僕〉やその複数形〈僕ら〉〈僕たち〉を使っているのにはめまいがするほどだ。

僕たちはスターとしての写真家ではなく、写真家としてのスターを欲している。（写真評論家・飯沢耕太郎『ＡＥＲＡ』一九九三年二月二日号）

のびやかで、かつ自信あふれた「素っぱだか」な写真は、とても僕らを元気にしてくれる。（後藤繁雄、『花椿』一九九五年一月号）

そう、僕らはヒロミックスが好きだ。（『スタジオボイス』一九九六年三月号「ヒロミックスが好き」特集　扉のマニフェスト）

彼女（ヒロミックス）の写真が放つダイレクトな感動は、僕らがこれまでに何となく受け入れながらも何となく違和感を感じてきた「もっともらし（ママ）けれど、退屈な何か」を思い切り蹴飛ばす勇気のようなものをくれる。（山崎洋一郎、同特集に寄稿したエッセイ）

これまで本書で論じてきたように、〈僕〉は教育と深く結びついた自称詞であり、共通の学問を背景にした対等の男性どうしの連帯を表す自称詞である。そうした源流を考えるとき、多くが高学歴で、知識・見識を売り物にする男性の批評家や編集者、ライターらが〈僕〉を使うことには歴史的な理由があり、彼ら自身にしてみれば自然なことであることがわかる。

しかし、そうして〈僕〉を使う男性知識人たちが女性の表現者を論じるとき、しばしばそこに「論じるもの」対「論じられるもの」という権力的な構図が立ち現れる。〈僕ら〉が女性の表現者たちを評価し、意味を与え、文脈の中に位置づける。それにより影響下に置き、囲い込む。そんな構図である。長島は言う。

結局、「女の子たち」が「被写体」（客体）から「撮影者」（主体）へと役割を変えてもなお、彼女たちが鑑賞（あるいは監視）の対象だという言説は構築され続ける。若い女性を「僕ら」が支配し、消費するという構造は、温存されたままだ。

〈僕〉という自称詞には少年を思わせる純粋性の響きがあるが、長島は、それが隠蔽的な効果を持っているとも指摘している。

「僕ら」とは（中略）公の場で発言する力を持ち、「女の子たち」より一〇歳以上、ときには二〇歳ほども年長の男性たち——なのであって、「男の子」では決してない。（中略）そこには「女の子」と中年男性の間に横たわる明らかな権力関係を隠蔽する効果が生み出される。

「女の子たち」は、「僕ら」の生み出す言説に反論する場を持たない。

そうした抑圧的な力を持つ〈僕ら〉に対抗して長島が取り上げる自称詞、それが〈わたしたち〉である。

タイトルに使われている割には、〈わたしたち〉という自称詞は本文ではあまり使われていない。しかし、長島がこの言葉により、女性の共同性・連帯性を表現していることは、この本の趣旨からは明らかである。

言うまでもなく、〈わたし〉は男性も使える自称詞である。その意味で〈わたしたち〉という言葉で女性だけを意味することは、本来できないはずである。実際に男性も含む用法も多い。

だが、男性が主にプライベートな場面で〈僕〉や〈俺〉を使う選択肢を持っているのに対して、女性には基本的に〈わたし〉しかない。女性たちは、〈わたくし〉〈あたし〉など様々なバリエーションや、ときには〈うち〉や自分の名前を自称詞として使うなどして豊かなニュアンスをそこに込めてきた。しかし、社会の公認のもと、堂々と三種類の自称詞を使い分けられる男性には及ぶべくもない。そこには圧倒的な不均衡がある。

長島は、女性が唯一公の場で使うことを認められた〈わたし〉、唯一手にしているこの自称詞を、女性自身を表象するものとして取り上げ、複数の〈わたしたち〉に連帯への願いを込めている。

近年、長島のように、〈わたしたち〉という言葉に女性の連帯性の意味を込めた用法が目立っている。例として、雑誌『現代詩手帖』が二〇二二年八月号で「わたし／たちの声詩、ジェンダー、フェミニズム」と題して女性に焦点を当てた特集を組んだことや、作家・落合恵子が二〇二二年に『わたしたち』[*44]という題で、一九四五年生まれのクラスメートである女性四人を主人公とする小説を出版したことが挙げられる。

詩人・最果タヒの〈ぼく〉

最果タヒは、自称詞〈ぼく〉（ときに〈僕〉）を使った詩を多く書いている女性の詩人である。第一詩集『グッドモーニング』[*45]では収録三〇作中五本で〈ぼく〉を使っている。その後詩集により増減があるが、第七詩集『恋人たちはせーので光る』[*46]以後は収録された詩の約半数で〈ぼく〉（または〈僕〉）を使っており、作風として確固としたものとなっている。

最果の詩は自称詞を使ったものがほとんどで、〈ぼく〉（または〈僕〉）を使わない場合は〈わたし〉（または〈私〉）を使うことが多い。一つの詩に両方を使うことは、皆無ではないが少ない。

詩そのものは、〈ぼく〉を使う場合と〈わたし〉の場合とで大きな違いは見られない。ただ、〈ぼく〉の場合は多少男っぽい言葉遣いになり、〈わたし〉の場合には女性らしい言葉遣いになることがあり、結果として詩の雰囲気は違ってくる。ただ、男性性そのもの、女性性そのものをテーマにした詩はあまりない。むしろ性別とあまり関わらない普遍的な内容をうたっていることが最果の詩の一つの特徴ともいえそうだ。〈わたし〉と〈ぼく〉の両方を使うことは、その普遍性を醸し出す一つの要素となっている。

最果は詩で使う自称詞について、エッセイで「わたしは『わたし』が女の人、『ぼく』が男の人、というふうにわけて書いているわけではなくて、ひとのなかには『わたし』の部分も、『ぼく』の部分も、『おれ』の部分もあるはずで、そのそれぞれのところに触れるような言葉でありたいと思う」と書いている。[*47]

人々の思いを映し、日本語の「現在」を示す〈僕〉

明治以来の女性と〈僕〉の関係をたどってきた。戦前の水の江瀧子や川島芳子のように、〈僕〉を使った女性がいたり、また戦後、「少年もの」のマンガなどを通じ、女性たちが〈僕〉という自称詞を徐々に自らのものとしていった過程を見てきた。最果が〈ぼく〉を誰の中にもある一つの部分としてとらえていることを、そうした模索の先にあるもの、女性と自称詞〈僕〉の関係の今現在のあり方としてとらえることができる。

〈僕ら〉にホモソーシャルな抑圧性を見、〈わたしたち〉という言葉を通じて女性の共同性と連帯性を掲げる長島有里枝。一方、〈ぼく〉を女性の中にもある一つの部分としてとらえ、自らの詩の言葉として使う最果タヒ。この二人の〈僕〉〈〈ぼく〉〉に対するスタンスは一見対照的なものだが、実際には同じ現象の両面を表している。

〈僕〉という自称詞が男性だけのものであった時代が、今終わろうとしており、長島は〈僕〉を他者である〈わたしたち〉の立場から批判し、最果は〈ぼく〉を自らのものとするという形で、それぞれ外と内から、掘り崩そうとしているのである。

今後、〈僕〉という自称詞と、その外に置かれた人たちとの関係がどうなっていくかはわからない。成人女性が公の場で使える自称詞になるかどうかが一つのバロメーターだと思われるが、その可能性も不確かである。ただ、誰もが公の場で使える自称詞になれば、

〈僕〉が本来持つ、分断を乗り越える「連帯の自称詞」としての性格にふさわしいことのように思えるのである。

中国から輸入された〈僕〉という自称詞は、人ごとに、様々な思いを持って使われてきた。学問・教養を背景とする誇り、身分を超えて連帯する喜び、立身出世への熱意、個人としての自由な感性。川島芳子のように、女性として課された枠を超えて活躍したいという願いを込めて使った人もいた。近年では高学歴イメージが薄れる代わりに、優しさ、りりしさ、少年のような純粋さのイメージが強くなっている。

今後どのように使われていくにせよ、その使われ方は、必ずその時々の人々の思いを映すことになるだろう。〈僕〉という自称詞は、一つの言葉にすぎないが、日本社会や日本語の現在を示す、有効な視点となりうるのだ。最後まで読んでくださった読者の方々がそのことに同意してくださることを願いつつ、この小さな〈僕〉の本を終えたい。

＊1　最果タヒ著『グッドモーニング』（新潮文庫、二〇一七）

＊2　例として、福田英子著『妾の半生涯』（岩波文庫、一九九四、原著は一九〇四）など。

＊3　お茶の水女子大学編『お茶の水女子大学百年史』（お茶の水女子大学百年史刊行委員会、一九八四）

＊4　石井研堂著『明治事物起源』（日本食肉史基礎資料集成 第39輯、一九七九、原著は一九〇八）に収録。

＊5　中村桃子著『女ことばと日本語』（岩波新書、二〇一二）

＊6　『黙阿弥全集』（春陽堂、一九二五）

＊7　坪内逍遥著『当世書生気質』（岩波文庫、二〇〇六）

＊8　二葉亭四迷著『浮雲』（岩波文庫、二〇〇四）

＊9　日本で三人目の国家資格を得た女医である高橋瑞子（一八五二―一九二七）は、学生時代から男の着物を着ていたという。おそらく他にも何人もいたであろう。

＊10　現代日本文学全集84『明治小説集』（筑摩書房、一九五七）所収

＊11　新日本古典文学大系『明治編23』（岩波書店、二〇〇二）所収

＊12　バアネット著、若松賤子訳『小公子』（岩波文庫、一九五三、原著は一八九七）

＊13　『樋口一葉全集』（筑摩書房、一九七九―一九九四）を参照した。

＊14　『与謝野晶子小論著作集』16所収「小説『破戒』其他」（龍溪書舎、二〇〇一―二〇〇二）

＊15　大東和重著『文学の誕生　藤村から漱石へ』（講談社選書メチエ、二〇〇六）

＊16　葦原邦子著『すみれ咲き愛みちて』（婦人画報社、一九八八）

＊17　宝塚の生徒（劇団員）に対する小林の自称。

＊18　ジェニファー・ロバートソン著『踊る帝国主義――宝塚をめぐるセクシュアル・ポリティクスと大衆文化』（堀千恵子訳、現代書館、二〇〇〇）

＊19　富岡直方「男性女装と女性男装」（『改造』一九三八年一〇月号（改造社）所収）

＊20　平山亜佐子著『問題の女　本荘幽蘭伝』（平凡社、二〇二一）

＊21　川島芳子本人に取材したモデル小説である村松梢風著『男装の麗人』（中央公論社、一九三三）には、男装の動機を聞いた著者の感想が「不幸——あゝ……それはなんという痛ましい身の上だ！」と書かれている。主人公が著者に事情を「流涕嗚咽」して語り、「然し僕は、今となって誰をも非難するつもりはないのです。只かういふ人生があるといふだけの話です」と話したとしており、具体的な事実の記述はないものの、主人公の身の上に深刻な事態が起きたことを示唆している。

芳子の弟の一人は「当時芳子と川島（浪速）は寝室を共にしており、ときどき芳子が大声で叫びながら飛び出して女中部屋に駆け込む姿を目撃した」という（上坂冬子『男装の麗人・川島芳子伝』（文春文庫、一九八八））。この弟は芳子の自殺未遂による騒ぎも目撃している。レイプ説を否定する関係者も複数いるのだが、事柄の性質上、それも当然であろう。全体としてみればレイプ説に説得力がある。

＊22　こうした回想録の決定版ともいえるのが園本琴音著『孤独の王女・川島芳子』（智書房、二〇〇四）である。著者は一九三九（昭和一四）年、高等女学校生だった折、地元に静養にきた川島と数か月に及ぶ密接な交流を持った。本書はその折の回想を綴るとともに、川島にもらった色紙・書簡などをカラー印刷した豪華本である。

川島は非常な達筆で、色鮮やかな色紙の選択も卓越したセンスを伝える。それ以上に、老境に入った著者が少女時代に出会った川島の思い出をこうした豪華本にして後世に遺そうとしたことに、時を超えて著者の胸で消えることのなかった川島への思慕を見る思いがして、粛然たる思いにとらわれる。

著者は川島のことを「純真で率直。優しさ温かさ、秀れた才能に恵まれ」た人物とたたえているが、川島が使った自称詞〈僕〉には一貫して否定的で、女性としての「真実の自己」を隠すための「仮面」であったとしている。そうした「仮面」をかぶり男性社会に参加したことが、悲劇につながったというのが著者の考えのようである。

＊23 寺尾紗穂著『評伝 川島芳子　男装のエトランゼ』（文藝春秋、二〇〇八）より

＊24 上坂冬子著『男装の麗人・川島芳子伝』（文春文庫、一九八八）

＊25 同右

＊26 同右

＊27 李剛・何景方著『川島芳子生死の謎』（ブイツーソリューション、二〇一〇）。死んだはずの歴史上の有名人が生きていた――。一見怪しげな内容に思えるが、川島の伝記を書いた寺尾紗穂も来日した証言者・張鈺に会い、『動乱の蔭に――川島芳子自伝』（中公文庫、二〇二一）の解説で本書の内容を肯定的に紹介している。源義経＝チンギス・ハン説といったトンデモ説の水準をはるかに超えた、かなり説得力のある話と見るべきであろう。

＊28 林芙美子著『浮雲』（新潮文庫、一九五三　原著は一九五一）

＊29 日本書籍国語編纂委員会編

＊30 宮崎あゆみ「日本の中学生のジェンダー一人称を巡るメタ語用的解釈—変容するジェンダー言語イデオロギー—」（『社会言語学』第19巻第1号（社会言語科学会、二〇一六年九月））
＊31 遠藤織枝「女の子の『ボク・オレ』はおかしくない」（遠藤織枝編『女とことば』所収（明石書店、二〇〇一））
＊32 井手祥子著『女のことば　男のことば』（日本経済通信社、一九七九）
＊33 手塚治虫文庫全集（講談社）など。
＊34 押山美知子著『少女マンガ　ジェンダー表象論〈男装の少女〉の造形とアイデンティティ』（彩流社、二〇〇七）
＊35 池田理代子著『ベルサイユのばら　1〜5』（集英社文庫、一九九四）
＊36 手塚治虫文庫全集（講談社）など。
＊37 小学館フラワーコミックス（一九七四—一九七五）など。
＊38 白泉社漫画文庫（二〇〇三）など。
＊39 小学館フラワーコミックス（一九七四—）など。
＊40 長山靖生著『萩尾望都がいる』（光文社新書、二〇二二）
＊41 白泉社文庫（一九九五）など。
＊42 女性と〈僕〉の関係を調べていく中で、性的マイノリティではないかと思われる事例には多く行き当たった。この章でこれまでに取り上げた事例の中にもそうしたものは少なからずある。その意味で、「女性と〈僕〉」という問題と「性的マイノリティと〈僕〉」というもう一つの問

題は互いに深く結びついている。

ただ、「性的マイノリティと〈僕〉」という問題は、著者には当事者性のなさもあり、充分詰め切れなかったという感が残る。このセクションをご覧になった方の中には、性的マイノリティの問題をただアリバイ的に扱っただけだという印象をお持ちの方もいると思うが、結果としてそのようになってしまったことは否定できない。「性的マイノリティと自称詞」は、それだけで優に一冊の本に値するテーマであり、また、この問題に関して当事者が置かれている困難な状況を思うとき、社会的に極めて重要な課題であることは間違いない。

＊43 三木那由他著『言葉の展望台』（講談社、二〇二二）所収
＊44 河出書房新社、二〇二〇
＊45 思潮社、二〇〇七→新潮文庫、二〇一七
＊46 リトルモア、二〇一九
＊47 最果タヒ著『神様の友達の友達の友達はぼく』（筑摩書房、二〇二一）所収「わたし捨て山」

おわりに

本書は、第3章が放送大学大学院修士課程の二〇一九年度修士論文「対等な男子どうしの絆と幕末の政治運動――吉田松陰の一人称〈僕〉を通じて」の主要部分に基づいた内容、第4章が修士論文の松陰の弟子に関する内容を拡充し、放送大学大学院のオンラインジャーナル『放送大学文化科学研究』第1巻に掲載された論文「松下村塾生の絆と自称詞〈僕〉――高杉晋作・久坂玄瑞・入江杉蔵を例として」が元になっている。他の章は書き下ろしである。書籍化のお話をいただいたのは二〇二一年四月で、執筆にはちょうど二年かかった。

私は今年（二〇二三年）五六歳になるが、これが初めての著書である。大学時代に「本を出す」ことが人生の目標になったのだが、こんなに時間がかかるとは思っていなかった。アメリカに四年間留学して経済学を学び、「経済評論家」を名乗ったのをはじめ、いくつかの分野で評論家として文章を発表したり、ノンフィクションを書こうとして取材を始めたり、小説、戯曲、詩などいくつかの分野で創作にまで手を染めた。しかし結局のところ自分は評論家としては知識も見識もなく、創作の才能もなかった。

人生の残り時間が見えてきたころ、松陰の書簡を目にして自称詞〈僕〉の問題に突き当たった。考えれば考えるほど、日本の近現代の歴史や社会のあり方と深くかかわる重要なテーマであると思えてきた。もちろん本は出したかったが、この件に関して言えば、自分ひとりのためというよりも、重要さの割に真剣な興味を持っている人間が極めて少ないこのテーマに関してしっかりと調べて、まとまった形にして残さないといけないという義務感のようなものを感じたのだ。

修士課程の研究は松陰と弟子たちが中心だったが、書籍化のために古代から現代までの〈僕〉の歴史を調べてみると、ニッチなテーマなだけに世に知られていないような事実が次々と出てきた。〈僕〉の使用が中世にはほとんど途絶え、元禄時代前後に中国の「師道論」との関係で復活したことは、その中でも重要な発見と自負している。ただし、自分は中世文学や近世思想史の専門家ではなく、調査能力には限りがある。できる範囲で文献を当たって出したとりあえずの結論であり、今後、専門家の検証を待ちたい。

この研究は楽しいものだった。〈僕〉の使用例を調べ、その背景を通じてニュアンスを読み解く作業は、過去に生きた人たちの人間性に直接触れたような感慨をもたらした。松陰と弟子たちは言うまでもないが、渡辺崋山、河竹默阿弥、夏目漱石、樋口一葉、川島芳子といった多彩な顔ぶれ、それに『きけ　わだつみのこえ』『戦没農民兵士の手紙』に登場した戦没者たちの〈僕〉の用法について考えた時間は、本当に豊かなものであった。

ある人がある時に自称詞〈僕〉を使うか使わないかは、ほんの一瞬の小さな選択に過ぎない。多くの場合、本人ですら気にしていない。そこに注目する者は、私を含め、数人しかいないだろう。しかし、第4章で取り上げた松陰の弟子どうしの関係では、〈僕〉という自称詞を使うことが大きな意味を持ち、そうして築かれた信頼関係が、幕末維新期には極めて重要な役割を果たしていたのである。

江戸時代に完成されていた身分制度が崩れたのも、突き詰めて言えば、学問・文化を背景に〈僕〉という言葉を使って対等の関係を築いた多くの人たちのネットワークが活性化したからである。そうして行われた身分を超えた交流が無数に積み重なり、水の一滴が奔流となり、身分制度を押し流していったのだ。

おそらく同じようなことは現代でもあるのだ。歴史の流れを左右するのは、政治家や軍人の決断ではなく、人びとが日々の営みの中で下す小さな判断の積み重ねなのではないか。そう考えることは、私たちに力と責任の感覚をもたらすだろう。

この研究ではさまざまな方々の助力を得たが、放送大学大学院の指導教員である原武史先生の励ましは大きかった。先生は私の研究を評価し、最初から一貫して「面白い」と断言してくださった。自分では重要な研究だと思っていても、他人からは「ピンとこない」という顔をされることが多かったから、原先生の評価にどれほど勇気づけられたか計り知れない。本当にありがとうございました。

第1章の日本語学・言語学に関する部分では、放送大学大学院の副指導教員である滝浦真人先生の指導を受けた。本書がその分野においても意味のある内容になっているとすれば、それは滝浦先生のお力である。しかし、もし記述に誤りや問題があるとすれば、それは著者自身の責任であることは言うまでもない。また、もう一人の副指導教員である山岡龍一先生には、思想史における概念の考え方について、重要な示唆を受けた。

直接お会いしたり、やりとりをしたことはなくても、書かれたものを通じて無数の方々から教えを受けていることは言うまでもない。なかでも、〈僕〉の歴史について唯一の先行研究と言えるれいのるず秋葉かつえ先生の諸論文には多くを教えられた。また吉田松陰や弟子たちに関する歴史的事実については、一坂太郎さんのお仕事に大いに助けられた。

やたらと遠回りをしてきたので、その道の途中でお世話になった人は数多い。まず挙げるべきは、大学時代の恩師である渡辺浩先生であろう。法学が性に合わず怠惰な学生であった私がほぼ唯一真面目に勉強したのが、先生の日本政治思想史の講義とゼミであった。先生のおかげで、昔の人が考えていたことを知る楽しさに目覚めた。今回の研究もその延長線上にあることは明らかである。

そして、加藤典洋先生の名前はどうしても挙げなければならない。私は二〇〇五年に、講談社の「群像新人文学賞評論部門」に村上春樹論を出したが、選考委員の中で加藤先生ただ一人が熱心に推してくださり、次点の優秀作となった（水牛健太郎名義）。その後、特に交流もなかったが、先生は私のことをずっと気にかけていてくださったようである。余りにも鳴かず飛ばずの私を見かねたのだろう、二〇一五年ごろから、先生が大学でのお弟子さんたちとやっていた勉強会にお誘いいただくようになった。勉強会は本当に楽しく、こんな時間がずっと続くものと思っていたが、先生は病を得て二〇一九年にお亡くなりになった。それからもう、四年も経っている。それなのに、自分のなかでは「あともう少し早ければ、先生に見てもらえたのに」という思いが消えることはない。

他にも、お一人ずつお名前を挙げることこそしないが、本当に多くの方々が、私に目をかけ、何とか助けてやろうと手を差し伸べてくださった。私には当時そのありがたさが十分わかっていたとは言えず、生意気なことを言ったり、時には若気の至りで失礼なことをしたりして、音信不通になってしまった方もいる。このような機会でもなければお礼とお詫びを申し上げることもできないので、ここに記しておきたい。本当にありがとうございました。そして、申し訳ありませんでした。

書籍化のお声をかけてくださり、完成まで伴走してくださった河出書房新社の編集者・伊藤靖さんには感謝の言葉もない。松陰と弟子を中心としながらも、現代の使用例や、ジェンダーの問題にまで踏み込むという提案をいただき、本書は読み物として興味深いものになっただけでなく、社会的にもより意味のあるものになったと思う。

最後に、誰も興味を持たないようなことばかり考えている私の側にいてくれる妻・亜弥子に本書を捧げたい。ありがとう。これからもよろしく。

二〇二三年五月一〇日

友田健太郎

河出新書064

自称詞《じしょうし》〈僕《ぼく》〉の歴史《れきし》

二〇二三年六月二〇日　初版印刷
二〇二三年六月三〇日　初版発行

著者　友田健太郎《ともだけんたろう》
発行者　小野寺優
発行所　株式会社河出書房新社
〒一五一-〇〇五一　東京都渋谷区千駄ヶ谷二-三二-二
電話　〇三-三四〇四-一二〇一［営業］／〇三-三四〇四-八六一一［編集］
https://www.kawade.co.jp/

マーク　tupera tupera
装幀　木庭貴信（オクターヴ）
印刷・製本　中央精版印刷株式会社

Printed in Japan　ISBN978-4-309-63167-7